我的姐姐秋瑾

秋宗章 著

Qiu Jin

回望叢書

黄山书社

目录

秋女士历史（代序一）[1]

徐自华

秋女士祖父为闽中太守，生七月，即赴台湾。父由幕改官，复宦游湖南。后居京师，愤庚子之变，破家庭范围东游。甲辰年，孑身航海，至东后，遂有名于学界。重兴共爱会，女士为会长。性慷慨，工词令，雄辩高谈，听之忘倦，登坛演说，舌灿莲花。八月十三日，为戊戌六君子成仁之期，留学同人设会公祭。女士演说之沉痛，闻者皆泣下，共爱国爱同胞之热忱，溢于言表。虽俄之苏菲亚，法之玛利侬，有过之无不及。常减省己之学费，助人学费。有某女士随父之东，父亡，无所归，女士为出学费，挈之

① 此文系自华有关秋瑾生平最早之记述，作于1907年秋。

返国。乙巳冬,为取缔规则事,女士恶外权强迫,拂衣竟归。返后,教育不遗余力。丙午仲春,至浔溪女学担义务两月。国文既佳,科学尤精。夙患心疾,虽发亦必为之上课。诸生坚辞,不听,曰:“岂盯因我一人疾,荒大众功课。”其热心也如此。故诸生对之感情颇富,常曰:“虽枳棘不能久栖鸾凤,先生既来,暑假前不放去矣。”三月间,姑苏陈君书来,延聘女士之爪哇,诸生闻之,环绕饮泣曰:“先生何厚爪哇而薄我等?”时将试验,甲班生不肯温课,声言秋师将去,我辈无心试验矣。女士慰谕曰:“我非无感情,弃君等而去。此间只四十余人,吾去后,尚有明师存,爪哇百万人,地居热带,肯往者鲜。一样同胞,当思其大。人生岂鹿豕也而常聚乎?君等不肯试验,使我进退维谷,请好好温课,我试验后始去。若赴爪哇有期,再来与君等作别。”再四婉言,诸生始温习。余妹小淑,女士爱同己妹,欲挈赴爪,曰:“若肯偕往,学费若干,我一身耽任。”因堂上不允,遂作罢论。四月八日,女士临行,送至河干,莫不流涕。五月中,女士果践前言,来与诸生别。濒行,出盘龙翠钏为赠,余答以金表链,曰:“愿我二人盟言金玉。”时甲班生吴君(指吴珉,一作吴明,号希英,石门人,后改名惠秋,新中国成立后任上海文史馆馆员,已去世)家贫,艰于学费，将半途辍业，女士慨然肩任。挈往，送入宗孟女校。女士驻沪后，有同学诸君，挽留组织《中国女报》，咸相谓曰：“君所持宗旨，欲开通女界，今内地女界，现像黑暗，不思设法开通，而远赴爪哇。虽均是同胞，得毋舍近而就远乎？”女士然其言，遂创办《中国女报》。将章程登诸《中外日报》，入股者寥寥，亦可见我女界同胞程度矣。经济问题，颇形支绌，女士由沪而扬，由扬而鄂，竭力经营。弱质驱驰，风霜憔悴，可谓不惮卒劳也。十二月，闻母丧，仓皇返绍。令春二月，余晋省适遇焉。泛舟西湖，日暮犹徘徊岳王坟畔，不忍去。歌《满江红》词，泪随声下。余促之始归，谓余曰：“首期《女报》，颇嫌草率，君能代我驻沪数月否？”余以母病辞之。女士颇不悦，责余忘公益恋家，作诗规之。五月中旬，便道语溪，过宿余家，留连三日。余讶其瘦，问何为而若此，女士长吁曰：“事多拂逆，臂助少人，家庭之中，无开通可共语者，痫疾愈发愈深。现办女子体育会，赴沪数日，当即返。”临别，心疾大发，余谆谆相留病痊再去，女士不可。别未二旬，忽闻皖案起，波及受诛。呜呼惨矣！女士东游于前之历史不能详知，窥其诗稿，得一二梗概。盖绿衣黄裹，抱卫庄姜之憾，故弃家求学，一子一女，有云系妾出，未知孰是？其生平喜读游侠传，慕朱家、郭解者流，任侠好义，挥金如土，广交游，诚女界之豪杰。所作诗词论说，感慨悱愤则有之，指为悖逆证据，则人下岂皆无目者也。

（《秋瑾纪念集》）

秋瑾传（代序二）

陶成章

秋瑾，字璿卿，别号竞雄，又称鉴湖女侠，浙江会稽人（家居绍兴府城南门，属会稽县界），隶籍山阴。幼随其父宦于闽，旋复随父入湘；年十八，嫁湘人王廷钧。廷钧入资为部郎，需次京师，瑾与之俱，生有子女。旋与廷钧定约，分家产，瑾得万金，即以之经商，所托非人，尽耗其资。又与廷钧不睦，同乡戚属陶大均（会稽人），陈静斋（山阴人）等为之和解，不得，乃尽以其所有首饰，托大均妾荻意为变卖，集资东渡日本留学；值宁河王照以戊戌案自首，系刑部狱，瑾闻之，出所集得留学费送入狱，以济其急，并嘱使者勿以其名告之，逮照出狱，始悉其事。瑾之天性义侠常如此。

瑾东渡之时，为甲辰三月。既到东京，即入中国留学生会馆日语讲习所学习日语，因与某某等十人相结为秘密会，以反抗清廷，恢复中原为宗旨。瑾既与陈静斋有戚谊，故到东京后即与其子相识。是时，敖嘉熊、魏兰、陶成章、龚味荪等在浙东西秘密运动有年。甲辰冬，成章以事东渡，成章与陈氏子为同学。瑾因之以识成章。日语讲习会终，瑾将还里省亲，因叩成章所运动事，成章尽以其所历告之，瑾乃索为介绍，成章以其为女子，不便，然亦难竟拒之，遂为介绍同人机关二处，一函致上海光复会会长蔡元培，一函致绍兴徐锡麟。瑾既返沪，即谒元培于爱国女学校；旋往南京，欲运动资本家辛某之子汉无效，乃复归沪，由沪旋绍，见锡麟于热诚小学校，锡麟介绍瑾入光复会，是为乙巳六月间事。

瑾之归也，本为筹学费计，既抵家，求给于母，母固深爱其女，然家徒拥虚名，实不中赀，为勉筹数百金付之。瑾既得金，又至沪，会成章亦归上海，遂偕瑾见处州办事处丁、吕熊祥等，瑾出绍兴同志公函，促成章归。己复东渡，罹病数月，愈后入青山实践女校。会锡麟、成章等绍兴运动有得，皆先后来日本，锡麟携其妻王氏即名振汉者同来，瑾为之照拂一切。是时，取缔规则风潮起于学界；学生咸倡归国之议，瑾亦主张之，因结敢死队，瑾为其指挥，纷扰者匝月。湖南陈天华蹈海死，瑾亦从此逝矣。

瑾之再归也，成章复为绍介于敖嘉熊，得转荐浔溪女学校教员，与女学生感情不洽，辞去。屡至上海。上海有中国公学者，本系取缔规则归国学生所倡设，瑾于此校助力甚多，由是瑾之信义，著于遐迩。会稽陈伯平本为大通学校学生，常偕锡麟游日本，因与识瑾，志愿暗杀，瑾因荐为中国公学教员，居中联络。会锡麟需次安庆，赖其姻俞廉三力，甚得巡抚恩铭信任，为陆军学校会办，实与伯平、瑾遥为应援。初，平阳陈华偕其兄蔚留学东京，因识味荪。乙巳之岁，董鸿祎（字恂士，浙江杭州人）自爪哇函请秀水王嘉椝、仁和汤调鼎前往爪哇理学务，调鼎却不往，味荪因荐华，华得与嘉椝同赴爪哇。丙午夏，嘉椝、华先后返国，瑾之识华也，亦由味荪绍介之。华劝瑾赴爪哇兴女学，瑾许之，以告成章、味荪，成章、味荪力止之勿行，乃止。瑾又创一女报于上海，既又与伯平等租屋虹口祥庆里，制炸药，忽爆发，伯平伤目，瑾伤手，是为丙午八月间事。是岁冬，萍乡革命军起，光复会会员集议上海，欲起兵为援，瑾与议焉。瑾以浙事自任，乃还绍兴，入居大通学校。大通学校为金、处、绍三府诸会党人荟萃之所。

瑾既入居大通，与诸党人约，俟湘人举事后，即出为应援。谋既定，乃亲走内地，由诸暨道义乌至金华。至金华府城之日，为十二月十九日，寓于金阿狗家。未几，归绍兴。上海同议党人杨卓林（湖南人）等殉义于南京，胡□（按此系指胡瑛）等被系于湖北，宁□□（按此系指宁调元）等见拘于湖南，接应之举，顿成瓦解。瑾闻益愤，乃始谋独立举事矣。

丁未正月，大通学校因办事乏人，公举瑾为督办，开学之日，郡守及山、会两邑皆莅堂致颂词，郡守贵福并赠瑾对联一，联曰："竞争世界；雄冠全球。"瑾于是益得畅所欲为。正二月间，瑾屡往来杭沪，运动军学两界，其方法不外藉会党之声气，以鼓舞军学界，复以军学界之名义，歆动会党，而以大通学校为其中枢。三月间，瑾又亲历金、处诸邑两次，既归，大通乃改约束，颁号令，分光复职员为十六级，以七绝诗一首为表记。诗曰："黄祸源溯浙江潮，为我中原汉族豪。不使满胡留片甲，轩辕依旧是天骄。"凡从黄字起，讫于使字，皆有表记。例如：黄字为首领，首领五人，即以推锡麟等，祸字为协领，无定员，瑾自居协领，源字为分统，以洪门首领任之。溯字为参谋，以洪门红旗等任之。浙字以下为部长、副部长等职；各职员均以金指环为记，指环中文字即以已职衔之代名词嵌入之，或以 ABC 等英文字母代之。其势力所及，上达处州之缙云，亘金华全府，而下及于绍兴之嵊县，金华府之金华、兰溪、武义、永康、浦江五县，实为其中心，是月之末，风潮起于缙云、武义、永康之间，大通学校职员缙云赵卓复至武义一带运动，即公举本城绅士刘耀勋督办党军。

四月初，瑾复编制各洪门部下为八军，用“光复汉族，大振国权”八字为八军记号，因与诸同事定议，先由金华起义，处州应之，俟杭州清兵出攻金、处，即以绍兴义军渡江以袭杭城，军学界为内应。若攻杭城不拔，则返军绍兴入金华道处州出江西以通安庆。既谋而行，定期以五月二十六日，未几易为六月初十日，金华诸处仍为二十六日之期。五月初，绍兴党人裘文高遽召台州义军由东阳至嵊县，扎营西乡，树革命军旗帜。二十一日武义党案发。二十三、四日金华党案又发。当风潮急时，瑾使伯平赴安庆告锡麟，锡麟知事急，乃于五月二十六日乘机杀恩铭，清廷震骇，大索党人，于是大通学校遂陷于四面楚歌之中。郡守贵福于二十七日进省面禀巡抚张曾，曾以问巨绅汤□□(按当是汤寿潜)，□□素恶瑾，力怂惑之，曾之意始决，乃遣贵福先返绍兴。五月晦，瑾始知安庆事，坐泣于室。六月朔，诸生相议早日举事，先杀贵福，占领绍城，而后再图其余。瑾必欲待六月十日，遣学生二十余人往杭城分头埋伏，以为内应。六月三日晨，杭城武备学校学生以密书至，言清兵已发，速为定谋抵制。众学生又集议于堂，卒无成议，因之散去者复有数十人。初四日午前九时，王金发自嵊县来，与瑾商酌十日举事之约。午膳毕，从容而去，未几即有党军侦探队归报瑾，言清兵已来，瑾使再探，回报往东浦，瑾信为然。已而清兵进城，众学生又集议，劝瑾出奔，瑾不答，学生散去者又数人，于是有出后门而游泳以逸者，亦有出前门持军械以拒敌者，出清兵不意为学生击死者数人，伤者数人，学生死者二人，瑾居内舍，为清兵所执，同时被执者六人：曰程毅，曰徐颂扬，曰钱应仁，曰吕植松，曰王植槐，曰蒋继云。

贵福使山阴令李宗岳讯瑾，瑾无一语。翌晨殉义于绍兴轩亭口，友人收其遗骸，葬之西湖，清吏恶之，将平之数，恐激民变，乃阴嘱其兄桐出名，迁柩以还绍兴。己酉冬，其子自湖南来，迁瑾柩归湖南，盖将与其夫廷钧合葬也。瑾死时年三十一。

程毅字翘山，河南修武人，文生。为河南高等学校学生，寻至上海入中国公学，秋瑾聘为大通学校教员，任之甚专，每事必与商榷，然一切情形未悉，不能有所布展，既见执，清吏刑讯，备

武昌起义

极惨酷，毅性强毅，坚不供实，清吏无之奈何。己酉夏，卒于狱，尸出，鳞伤遍体，见者酸鼻，多有泪下至不能含云。

赞曰："秋瑾席诸党人已成之业，发挥其手腕，改弦而更张之，未及三月，而难作，竟以身殉。"《记》曰："谋人之邦国，败则死之。"秋瑾有焉。程毅以羁旅之身，倏遭厄难，受严刑之讯，体无完肤，词不连人，卒毙狱中，其志可壮，其情亦可悯矣。诗曰："我心匪石，不可转也；我心匪席，不可卷也。"程毅有焉。

（陶成章：《浙案纪略》）

风雨楼痛语

秋宗章

先君居官，以清廉著，鹤俸所积，原非丰裕。脱令子侄力保先畴，兢兢业业，犹可毋虑冻馁。既丁“和济”之变，则一败涂地。资产荡然，异地不可久留，乃摒挡作归计。罗掘所有，得数百金。挟先君灵柩，于癸卯五月旋里。犹忆成行之先日，予偕侄辈往王宅谒姊辞行。姊虽不作儿女之态，顾骨肉远离，相逢无日，亦不禁黯然。临歧，丁宁频数，予辈惟含泪应之。归途道经湘潭厘局，追惟先人宦辙以及儿时游钓之所益为怅触。今兹事隔三十年，回首前尘，犹恍然在目也。

自予家归里后，姊婿子芳入资为小京官，携眷北上。当是时，清廷失纲，亲贵用事，值甲午、庚子两次丧师辱国，赔款兆亿。

累卵之危，岌岌不可终日，而君酣臣嬉，泄泄沓沓，犹不知振作。姊目击心伤，思以改革为己任，新书新报，靡不浏览。所受刺激既深，持论亦益烈。稠人广坐，议论风发，豪情胜慨，不可一世。尝摄舞剑小像，又作宝刀歌、剑歌以见志。和者甚众。桐城吴芝瑛女士者，挚甫先生汝纶犹女，为梁溪廉惠卿德配。惠卿官户部郎中，偕居京邸。女士幼承家学，尤精八法，诗文转为书名所掩。于时人少所许可，邂逅论交，独倾倒于姊，结金兰之契。女士稍长，姊之。两情爱好，不啻同怀。居处密迩，过从酬唱无虚日，惜随手散佚，稿已不可得见。姊之思想既甚变迁，乃首创男女平权之说，尝语女士曰："女子当有学问，求自立，不当事事仰给男子。今日志士倡言革命，吾谓革命当自家庭始。"女士然之。惟以凡所云锋芒太露，足令腐儒掩耳，骇世警俗，时时戒以慎言。姐曰："吾所持宗旨如此，异日女学大兴，数十年后必能达吾目的；然不有倡之，谁与赓续也?"女士深佩之。

于是有东渡留学之志，而子芳不善之，靳弗与资。姐遂脱簪珥，谋学费，勉强成行。京师相识诸姐妹，先期置酒城南陶然亭为祖帐。此光绪三十年秋间事也。会宁河某君（即王照，字小航，宁河人，戊戌以礼部主事言事，超擢候补四品京堂。政变避日，复潜行归国。在京闻沈荩被逮而死，虑亦不免，乃至步军统领衙门投案，下刑部狱）以戊戌事自首，系刑部狱。姐闻之，乃分其金以应急。展转达狱中，属勿告姓名。迨宁河遇赦出狱（西后下诏赦党人。王照出狱，复原官）始知之。而姐已东行。宁河寓书谢之。事后语人曰，辄为流泪。然姐与宁河初不相识也。某女士赠诗有云："隐娘侠气原仙客，良玉英风岂女儿"二语，为能仿佛其生平云（见芝瑛女士撰《秋女侠遗事》）。

姐抵日本后，初入预备学校补习日文。以资斧未充，利在速成，故所习倍常程。明年乙巳，考入实践女学校肄业。是夏，孙中山先生赴日，夏正六月二十三日，东京留学生开欢迎会于富士见楼，到者甚众。旋开同盟会预备会于饭田町程家柽寓宅，以"驱逐鞑虏，恢复中华，建立民国，平均地权，矢信矢忠，有始有卒"为誓词。次日开成立会于赤坂区桧町内田良平之宅。越数日，又在灵南阪子爵阪本金弥宅开干部选举会，推中山先生为总理，黄兴为庶务（其职权如协理），汪兆铭为评议部议长，邓家[彦]为司法部总长。各省分会置分会长一人。姐被推为浙江分会长（见《太平杂志》田桐撰《革命闲话》）。事为清廷所闻，与日政府交涉。由文部省颁布留学[生]取缔规则，留学生群起而争，陈天华以蹈海死，众人益奔走相告，相率罢课。一部归国者，在上海创立中国公学。而驻日公使收买若干不肖学生为间谍（时公使为杨枢），刺探学生虚实。姐既深憾帝国主义之压迫，又亟欲返国为革命实地工作，乃于丙午春间归国。道经上海，晤吴芝瑛，述其留学艰苦状，出新得倭刀示之曰："吾以弱女子只身走万里求学，往返者数，搭船只三等舱，与苦力等杂处，长途触暑，一病几殆。所赖以自卫者，惟此刀耳。"俄而行酒，酒罢，姐拔刀起舞，唱日本歌数章。芝瑛之女以风琴和之。歌声悲壮动人。翌日别去。两人自此遂不复见矣。

姐留东时，不废吟咏，然遗稿流传不多。所曾见者，惟《中国女报》所载五七律数首而已。如《感时》云："祖国陆沉人有责，天涯飘泊我无家。"《黄海舟中》云："驰驱我梦中原马，破碎山河女儿羞。"《感愤》云："搏沙有愿兴亡楚，博浪无椎击暴秦。"均脍炙人口。又日人石井君索和，即用原韵，有句云："漫云女子不英雄，万里乘风独向东。"亦足觇其胸襟。创办《中国女报》以前，曾与留日同志创《白话报》于东京，月出三册，每期约四十页，委托日人代印，鼓吹排满，论调最为露骨。与同盟会机关报之《民报》殊途同归。他人作品，类皆记名张禄，惟姐所撰白话论说，则直署真姓名,不稍隐讳。出版十余期,姐即回国,箱箧满贮是报。丁未之变,悉付丙丁。惟予髫龄好弄,爱其封面图画,曾向姐乞得数本。今犹存在。盖亦足为中国革命史中之纪念品矣。

清代光绪三十年,科举停废,各省广设学堂。然风气闭塞,人心顽固,不为社会所信任。且戊戌政变,一现昙花,新党撄祸至烈,前轸未远,可为殷览。是岁改革,疑非西后本意。事变以来,未可逆料。故子弟之入学堂者,不无戒心。予及两侄,初就外傅读于私塾。姐闻之,不谓然也。自东贻书,命予入会稽县学堂。长次两侄,则入徐伯荪烈士手创之东浦热诚学堂。岁时通问,督趋甚至。原札均毁,今所存者,惟致大侄壬林之函(按此函为各文献所未收),虽非全壁,犹为手泽。今附后,以供众览。吉光片羽,弥足珍已。

附函原文:

壬林贤侄:入春接汝手书,尚为清楚,阅之甚喜。惟有白字,亦因中文程度尚浅之故。但虽入学堂,中文亦宜通达,断无丢去中文专学英文之理。但凡爱国之心,不可不有者。不知本国文字历史,即不能生爱国心也。尚有两月之久，可专注意于中文。进学堂之后，即不能专集也。吾侄既兄弟二人俱喜进学堂，性情尚宜改良，不可如前之竞争。兄弟务必互相亲爱。待尊长须有礼。勿事游嬉。学堂之规则当遵守。若能循良勉学，为秋氏争荣光，方不虚生于人世。况侄年已成童，并非幼小。当知家计艰难，入不敷出。（下阙去）

姐就义惨状，知者甚多，毋庸殚述。且涉笔至此，心烦意乱，罔知所从，亦不忍追忆也。然自此案发生后，越中人士明知贵福之倒行逆施，大都噤若寒蝉，不敢仗义执言。而贵福则犹未悔祸，欲兴大狱，按照大通学生名册，命山、会两县一体查拿。或派差访饬，责令家属交出。又委山阴知县李君来余家搜查军火（事详后）。闾阎骚扰，群情惶惑。城内居民稍有资产者，惧祸至之无日，相率迁避乡间，市廛银根，异常紧迫，钱业向杭垣调集现银十万元，以备缓急。浙抚张曾敭听信佥壬之惑，复檄委候补道陈翼栋抵绍，会同查办。翼栋亦卤莽灭裂者流，据匿名揭帖之言，带队擎枪，捣毁绍城同仁学堂，乘机抢掠，历二小时，搜无实据，乃将堂中董事拘至府署，将穷治之。于是教育界人士大哗，联名电讦。上海《中外日报》于此事曾加以评骘，颇能鞭辟入里。略谓："同仁学堂事，由吏役诬诈而起，非若妄杀秋某，枪毙学生，事关人命，激动公愤者可比。乃越人舍大而遗细，置豺狼不问，而问狐狸。即此以观，绍郡绅士之无人，更甚于他府矣。"

同时某报有署名佩韦者，致浙省绅界书，责备甚至。谓："公等中于惧罹祸累之一念，而卒不敢异议。是不惟无义气、无热血，亦且眼小如豆，胆小如粟矣。是天下可鄙可怜之人，莫公等若也。"

又某报撰《卖友者之将来》一文，对于某某等之告密，冷嘲热讽，词严义正。略谓："秋某之死，不死于侦探，而死于告密；不死于渺不相关之人，而死于素号开通、昕夕过从之人。彼其所以为此者，以畏株连之一念。故不惜牺牲一弱女子，以自丐其生，在彼固宜以为得计。虽然，彼其将来，果能见赦于官吏与否，殆尚有所不知。'舆论之激昂，可窥一斑。因摘录之，以见公道之未泯也。

浙抚张曾敭，既为清廷所蒙蔽，铸此大错，颇为舆情所不满，曾扬患之。乃于六月八日捏词电奏。略云："获到金华、武义匪目，供出系大通学堂学生勾结起事。当由该府嵩守禀请札查。

旋据绍兴府贵守禀称:大通学堂系逆匪徐锡麟所办。查阅江督、皖抚电钞徐匪供词,情节略同。当饬贵守星夜来杭,面商一切;并札派常备军两队赴绍兴,会同贵守查办。又据绍郡绅士密禀:'大通体育会女教员匪党秋瑾、吕鸿懋、竺绍康等,谋于六月初十日左右起事。竺实党首。闻已纠约嵊匪万余人来郡,乘机起事。'等语。贵守当于初四日傍晚,率领军队,前往大通学校及嵊县公局搜查。该匪党胆敢开枪拒捕,兵队即开枪还击。毙匪数名,并获秋瑾及余匪十余人,起出后膛枪三十支、子弹数千粒。讯据秋瑾供认不讳。并查有悖逆亲笔字据。匪党程毅,亦供出秋瑾为首,余系胁从等语。由该守电禀,当即覆电饬将秋瑾正法,仍搜捕未获余匪。其嵊县、金华等处军队后到,亦格毙匪首多名,捕拿匪党二十余名。余匪星散。杭州省城近已解严,目下尚称安谧。请代奏。扬庚。"查是年五月中旬,金华、武义等地,有九龙党刘耀勋开堂,乘机抢掠。驻衢巡防副将沈琪山于十八日率巡防队抵武义。二十三日与匪激战,拿获头目聂李唐、李嘉宾、李好江、李良金、李维伦、李何齐、陶思干等。会同武义县知县钱宝镕禀报。初与大通学堂无涉。张电所谓勾结起事,诬陷罗织,不足为信。惟谓绍郡绅士密禀云云,则即前文所纪之劣衿某某等十人所为,确系实事。惜辛亥光复时,府廨档案已无此函,坐令反革命之土劣得以漏网,有余憾焉。

同时贵福亦有所谓安民告示,云:“大通学堂体育会事,前奉抚台密札:据金华府电禀:‘武义县获匪聂李唐等,供出党羽甚众。内有赵洪富、缙云人,在绍兴体育堂司帐。勾结大通学堂党羽,希图接应起事。’饬即密拿。当时密访,果有女匪秋瑾勾通竺绍康,王金发等图谋不轨消息。禀奉抚宪,派兵拿获。而秋瑾竟敢开枪拒捕。又在学堂内搜出九响快枪四十余支、十三响快枪一支,夹弄内搜出弹子六千多颗,又有悖逆论说,及伪造军制单字据。当堂提问时,秋瑾已承认不讳:并认竺绍康、王金发亦曾相识。拿获秋瑾时,在其手中夺得七响手枪一支,装有子弹。续奉抚台电:准安庆电:‘据徐锡麟之弟徐伟供:徐锡麟与秋瑾同主革命。’可见秋瑾图谋不轨,在在确有证据。此次正法,并无冤枉。民间均多误会意旨,合再明白示谕。现匪首秋瑾已经正法。竺、王两匪在逃。如有能拿获竺绍康、王金发两匪,每获一名,赏一千块洋钱。如有来府报信以致拿获,每获一名,赏五百块洋钱。至于学堂乃是奉旨开办,学生乃国家所培养。断不能因大通学堂之故,概以大通学堂例之。如有不肖之徒,敢与学生为难，一经本府知悉，定当重惩不贷。”凡所云，桀犬吠尧，阅之令人发指。沪上报纸，如《中外日报》《时报》《文汇报》等，大声疾呼，昌言无忌，指斥贵福罪恶，不留余地。贵福欲以一手掩盖天下耳目，故有此示。惟是民言可畏，虽在专制时代，防民之口，甚于防川。

张曾敭与贵福内惭衾影，外顾清议，卒致不安于位。未几曾敭调晋，贵福亦调安徽宁国府。

皖人习闻贵福之悖谬，一致拒绝，不克履新。卒清之世，蹭蹬终身。顾犹不自咎责，强颜语人，憾及秋氏。入民国后，易姓名为赵景祺，钻营入仕。此獠不杀，诚不能不疑于天道矣。

六月六日先姐就义之耗既播，桐城吴芝瑛女士首为作传。旬日后又记其遗事。且谓：“罪人不孥，古有明训。吾与女士有一日之雅，又能道其平生。愿以身家性命保秋氏家族，望当道负立宪之责任者，开一面之网，饬属保全无辜。勿再罗织，成此莫须有之狱，诬以种种之罪状，使死者魂魄尚为之不安。此余既为之传，而又纪其遗事之微意也。”

所撰祭文，亦极沉痛。其辞曰：“呜呼！君之死，天下冤之，莫不切齿痛心于官吏之残暴也。吾意大厦将倾，摧楹折栋者，又嫔然交错于其间，其非一人所能支者，明矣。尼父以至圣之才，怀济世之志，尚不能挽衰周风靡势削之运。今时已将矣，澜已冽矣，君固英杰，奈之何哉。设不幸微斯阴霾惨毒之冤，恐数载后，同是奴虏耳。生人之类，修名讳恶久矣。浙帅甘冒不韪，完志节，成其千秋不朽之名，虽日害之，其实爱之，此仁人之用心也。反常移性者，欲也。触情纵欲者，禽兽也。以浙帅之贤，岂嗜欲之流、禽兽之类欤？意者，抑君礼祀以求之哉？”

此外，徐寄尘女士之祭文、天戮生之哀词，均传诵一时，文长不录。

尔时民间传说一异事，迹尽误会，而言者凿凿，一若信而有徵。据谓姐被逮后，系于请室。有某妇者，作奸犯科，禁锢终身，已不作重睹天日想。惟居狱中久，与狱吏渐习，狴犴以内，行止亦甚自由。所居适与姐为邻室，悯姐遭遇，调护甚至。相处两日，姐即就义。某妇闻之，哭失声。一夕，忽见姐入室，不言不语，厥态甚庄。良久始隐。狱中人皆亲见之。予谓此事或由心理幻化，要难凭信。厥后又闻湘潭王氏，亦闻堂屋发巨响，且有革履橐橐之声，终宵不绝。王氏大惧。百计禳解。其时甥男女辈，均为伊大母所扶养，乃抱两雏默祷之，请顾念襁褓物，勿为已甚，自此邃寂然无声。而姐婿子芳已先期辞官归湘，因悸致疾，翌岁捐馆。由斯言之，风车云马，英灵傥在，招魂剪纸，神其来归乎。

初，皖江发难之耗传至越中，人心惶惶，不可终日。先姐逆料势将波及，亦曾早为之所。余家旧宅之东南隅有小楼，废置杂物，其下为姐卧室，平时扃键，人迹罕至。室后扶梯，隔以木板，有扉可以启闭。推去木板，则梯下黝黑，终年不见天日。而姐之秘密册籍以及往来函电，靡不贮藏于此。虽家人亦弗知之。比事亟，浔溪女学学生吴珉女士犹居予家，乃助之移出，悉付丙丁。故后此满奴搜索，一无发现。惟以莫须有之事，锻炼成狱而已矣。

予五六龄时，先君官桂阳，闻哥老会有攻城之讯，先君已拼与城共存亡，惟念孺子无辜，不忍同归于尽。又以公然出走，民心惶扰，乃制黄布之袋，命予及诸侄各据其一，虱处其中。臧获辈作负米状，深夜肩之而出。既而事定，终亦无恙。此予命宫初次所遭蘼蝎也。

复次，则为丁未六日之事矣。予家所藏革命文件，既已尽数销毁。先姐以为脱然无累，犹存万一之想。且以光复军草创伊始，基础粗定。即此些微胚胎，萌发已非易易，雅不欲萎于俄顷。抑先姐生平胆大气豪，尝喜冒险，以是迟未果行。藉令畏葸苟全，洁身以去，则徐烈士皖江发难之日，以至六六之变，相距一旬，时日从容，早可就道，宁致构会乎。

是岁六月初三，阴雨未霁，予家方有私奠，姐亦与焉。饭后围坐晏语，不殊畴昔。俄而先兄招余人密室。诏之曰："少顷予往峡山村张时帆家（时帆为先兄之妻弟），汝第言乡间集资报赛，亦欲偕行，余佯未许，汝则固请，然后同往。顾情景宜逼真，毋留罅隙，致滋疑窦，否则不汝贷也。"予闻言大震。盖先兄性严重，曾授予读，夙畏惮之。亟唯诺如命，颇讶是事之突兀，亦不解胡由出此。既退，兄遂扬言命仆夫雇小舟将往峡山践观赛之约。予知旨，立请同行。兄初弗应，予请益力。姐佯为缓颊曰："弟方暑假，家居无事，童年好嬉，毋拂其意。盍破例挈往一游乎！"兄闻语勉诺，予亦雀跃。嗟乎！同气女兄，此别遂成永诀。追维畴昔，有余恫矣。

予既偕兄乘舟以行，风雨凄其，相对默默。橹声欸乃，若助太息。天夺其魄，局中人犹不悟大祸之迫于眉睫也。

峡山村距郡城二十里，日晡而至。嫂氏挈侄辈方归宁母家，睹予兄弟不速而至，良以为怪，兄亟与耳语，嫂亦无辞。翌日，延一乡人何姓者，晋城探音耗。始知大通学校被抄，姐已就逮。且有收系家属之谣。事不可测，兄既惊且痛，苦无术营救。吾侪居此，复非安全之所，即晚匆匆他适。此一页奔波小史遂初展序幕矣。

距峡山村八里，有镇日漓渚，为山阴诸暨两邑往来孔道。人烟稠密，市集繁盛，称越郡西乡巨镇。离镇三里许，有宝寿禅寺，建于林莽间。自镇遥望，有山屏蔽，峰回路转，乃睹寺门。住持僧增法，年五十许，生性孤僻，不乐与人周旋。香火寖衰，赖有薄田百亩，山产称是。每岁所入，勉足自给。当光绪中叶，寺宇日就衰颓，先兄之妇翁曾为创议鸠资复修。故张氏遂为是寺护法檀那也。吾侪既审峡山不可以留，亟思迁避。顾满眼荆棘，无地容身，莽莽红尘，桃源何处，迟回审慎，行止未由自主，忽忆及宝寿禅寺，差可安顿。是日晚间九时，乃雇一脚划小船者往漓渚。舴艋一叶，共载兄嫂侄辈佣妇暨予凡七人。舟小不能回旋，局促若辕下驹。幸为途匪遥，历一小时抵埠。适遇大雨滂沱，都无雨具。除嫂氏及佣妇抱幼侄分乘肩舆外，诸人皆昏夜冒雨步行。道滑泥泞，不敢携烛笼，暗中摸索，逾越田塍，颠踬者屡，衣履尽湿。鼓勇前进，久乃得达。剥啄寺门，则已闻讯前候。住持所居禅房，较为幽邃，昼间扃闭，谢绝游观。是晚迁让余等下榻。明旦晨兴，履湿不可纳足，姑着先兄庞大之黄色军履，履底缀蹄形之铁，着地橐橐有声，跬步不容妄动，先兄心绪拂逆，性益急躁，尝怒目斥责曰："吾家遭兹奇祸，若曹未知死所，犹复泄泄沓沓，何无心肝乃尔。"坐是予及侄辈动辄得咎，噤不敢声，几如待决之囚，静待运命。

六月六日旁午，予家遣人来寺，密报先姐就义之耗。予侪童騃，初犹未审，既而睹余兄及嫂氏之饮泣，乃知已罹奇祸。于是兄哭，予及侄辈亦哭。又虑声闻于外，不敢号啕，但有呜咽。顾已为住持所闻，亟遣徒来告："顷有客来寺随喜，察其形迹，疑是官中役吏，请稍留意。"兄闻之惧，亟强予等屏声静气以待。良久良久，始闻游客已去，喘息稍定。实则此寺为越郡大丛林之一，平时游人孔多，是日会逢其适，遂致自扰。然住持僧终以寺近市廛，不能终秘，脱有变故，悔将奚及。乃别为介绍，迁避于平水镇之广孝寺。

在起程以前，予短衣窄袖，犹作学生装束。兄甚以为虑，为予假一土布短衫，袖长及膝，着之良不称体。俟黄昏人静，仍步行出寺，雇舟前往。同坐者，除兄嫂及一佣妇外，幼侄尚在襁褓，不能离母。长次两侄，则已别往诸暨避难，故未偕行。

漓渚距平水镇可七十里，一棹容与，舟行奇缓乌篷不启，蒸郁异常。数日以来，予惊惧失态，几同傀儡。拳曲舟中，倚舷假寐，鼾声甫起，而蚊蚋扰人，俄即惊寤。少顷入睡，复知[如]之。一宵之中，精神肉体两受痛苦，为毕失[生]所永不能忘。颠沛游离，一至于此。谁为为之，孰令知[致]之，非贵福所赐欤！夏夜苦短。昧爽，至平水镇。舍舟而陆，又步行十余里，乃至广孝寺。住持僧雪莲，慰藉良厚。寺有上下两院，下院爽垲，布置亦稍整洁，雪莲自居之。惟以渠有眷属，且生平好客，座上常满，良非善地。既为逋客，则入山惟恐不深，入林惟恐不密。倘有人迹罕至之所，日与猿鹤共处，乃为得之。职是之由，则上院适符其选。两院相距才数百步，极为隐僻，中惟一龙钟老僧卓锡，盖即雪莲之阿阇梨也。此老僧者，自炊自食，既耄且聋，鲜与人交接，人亦遂淡忘之。予侪既至，辟室于东偏小楼，明窗净几，足慰日来奔波之苦。自先兄以次，人各茹素，食脱粟饭，以山中苦笋佐餐，间或易以腌蔬，论其甘美，不异粱肉。播迁之际，随遇而安，有此享受，已为乐土矣。

且住为佳，惊魂甫定，人亦劳止，迄可小康，逝者已矣。惟一念及予家近状，则为之杌陧不安，又苦无从刺探。数日后，来一寄书邮，其人为城东某庵之带发修行女尼，法号德圆，年事已高，更不暇作他语，亟询消息如何。乃知贵福自围搜大通学堂后，犹复包藏祸心，疑军火别有藏匿之所，檄委山阴县知县李钟岳来予家抄查。番役密布，户阈为满，前后逻守，毋许出入。此辈倚势横行，视为利薮，耽耽欲逐，乘机干没。赖李令贤明，躬亲弹压。每至一室，督同搜检，翻箱倒箧之际，仍守秩序，故无丝毫损失。时余家守宅者，胥为女流，惊惧失措，疑为籍没。李令睹状恻然，屡以温语慰藉。约炊许顷，迄无违禁证物发见，遂徒手去。或疑吾家门首将有发封之条，遣人密觇，则亦无有。于是家人咸颂李令贤明，感叹勿置。予兄闻之，稍以为慰。

惟贵福则因先姐系狱时，李令不能刑迫，抄查军火又劳而无功，憾其怙恩市义，将假他事严劾，以泄其忿；一面拟别遣酷吏来吾家，再度搜检，必获证物乃已。卒以人言籍籍，慑而中止。

李令目睹贵福之横暴，欲平反此狱，虑非其敌。居恒郁郁，卒未能平。未几，忽投环自尽，以谢邑人。居官清廉，几至不能归榇。噩耗既传，闻者太息。今西湖秋社，为设栗主附祀。崇功报德，俎豆馨香，灵爽烟煴，庶几来格乎。

于此有一事，今日思之，犹不幸中之大幸，向使当时发觉，则李令亦未能左袒，而予家毁矣。其事惟何，盖当李令搜查时，他室遍至，虽佣所居，亦难幸免。而东南隅之一角小楼，夙为先姐卧室者，则以地僻，独未莅临，此中殆有天焉。姐平时有倭刀一柄、孛朗宁手枪一支，晚间置枕畔，昼则随身佩带，不须臾离，亦从未弃置，自无大碍。尚有莲蓬式九响手枪二杆，子弹数百发，藏于姐室衣橱内。又日文书籍及留东时所寄家书，均杂贮一藤箧，搁置后固垂圮楼上。侥天之幸，均未败露。非然者，瓜蔓之抄，贵福益当振振有词矣。

予家搜查，既无实据，方谓事态可渐和，讵杯蛇市虎，谣诼孔多。盛传官中将两次光顾。明知里巷谰言，未可据以为信，要不能不预筹防范。于是将莲蓬式之手枪，埋于后圃。掘一深坑，覆之以土，上植蔬菜，略无痕迹：其余书札函件，则夤夜焚毁，数宵乃毕。先姐手泽，遂悉付祖龙一炬，绝少留存。予尝于书笥寻捡殆遍，惟留东时寄壬林大侄之函（已录原函文于上）硕果仅存，然原书两纸，只得其半。

最可惜者，姐所撰精卫石弹词手稿四本，初意在《中国女报》

逐期刊布，以女报出版两期，费绌停刊，搁置勿用。原稿第三本，遂亦误历此劫，余幸完好无缺。是或灵爽式凭，乃得幸免。予近发一宏愿，拟将所焚之稿，别为撰补，俾成完璧。异日付之剞劂，即以真迹上石，庶广流传。

凡稍谙清代掌故者，于康雍乾三朝之文字狱，类多谈虎色变。盖明代遗民，眷怀故国，心伤左衽，既无力光复神州，其愤懑不平之气，一以托于著作。不幸事发，则严刑峻法，处以重典，牵累子姓，无或幸免。甚至文人学子，偶然吟咏，失于检点，触犯忌讳，往往为捃摭以闻，动膺惨戮。此种先例，指不胜偻。

《中国女报》第一期封面

嘉道以还，士子深中科举之毒，无人敢蹈禁网，文字之狱渐罕。降及光宣之交，孙总理组织同盟会于东京，公然排满，不稍隐饰。

其初清廷颇思绳厥祖武，穷治反侧。既而默察大局，知非压制所能奏功，则又翻然改图，力示宽大。自预备立宪之诏下，狐埋狐搰，益不能不有所顾忌。故徐烈士皖江发难之役，张之洞、袁世凯等皆尝力主严办，科以极刑，并夷九族，以为惩儆；独肃亲王善耆力争不可，庆亲王奕劻、醇亲王载沣、贝子载振和之。徐之亲族遂得从宽免议。以此因缘，张曾敭与贵福于大通一案，纵有株连之心，而环境万难允许，虎头蛇尾，但能不了了之。脱令兹事发生于数十年间［前］清室鼎盛时期，吾族宁有噍类乎。

尔时，有一困难问题，耿耿于怀，不容恝置者，先大姐之灵柩是已。

当六月初旬，吾兄弟颠沛造次，已为亡命之客。慑于淫威，不敢前往收尸，但由善堂草草盛殓，藁葬于府山之麓。掩蔽无具，听其暴露。此则先兄引为大戚，而又责无旁贷者也。

会贵福去官，过去事已为社会人士所淡忘。先兄遂密雇夫役，移榇于常禧门外严家潭丙舍暂厝焉。

明年戊申，桐城吴芝瑛、石门徐寄尘两女士推故人之谊，为窀穸之谋，卜兆西泠，营建茔地。董其事者，为芝瑛之夫无锡廉惠卿先生。先兄至杭会葬，于灵榇过断桥时，及安窆后，各摄一影，留为纪念。墓成，芝瑛女士自书“呜乎！鉴湖女侠秋瑾之墓”。镌勒贞珉，立于墓门。寄尘女士撰墓志铭，亦由芝瑛女士书之，石印成册，分贻朋好。论者谓其事其人及书法足称三绝，盖非过誉也。

崇阡卜吉，奉奠礼成，久土为安，永固魂魄，意谓可以无事矣。讵知轩然大波，转瞬即起。有满御史常徽者，忽奏请平墓。词连南中首事诸人，吴徐两女士均未能免。两江总督端方，于惠卿伉俪，夙相推重。芝瑛女士知其人有金石癖，赂认初拓牌［碑］板数种，值价巨万，为外间所不经见。端方大悦，力任昭雪。而美国传教士麦美德女士，尤为奔走斡旋，幸未根治。惟平墓则事在必行。先从父青士公方官黑龙江提法司，先兄以迫于境遇，往依之谋升斗。浙抚增韫，故与从父有旧，贻书龙江，促家族迁葬。先兄不敢抗，间关万里，遄返浙中。仍移厝严家潭丙舍。

宣统元年，予家所赁城南旧庐，为原主所赎。同堂从兄弟行，遂有析居之议。先兄拟将眷属迁居漓渚，固两稔前旧游地也。料量家务讫，未候徙宅，先期北上，客于津沽。其年八月，湘潭王氏遣干役二人来越，重移先大姐灵榇返湘，与姊婿合葬。先兄未归，余侪年幼，乏人主持，家嫂于兹事初无成见。既王氏主合葬，则亦听之。维以姊附之棺，材木窳劣，迢递数千里，不胜远道。乃别购巨棺一具，套于柩外，途中簸顿，当可无虞。筹备竣事，行有日矣，而津沽凶问忽至。初先兄自黑归越，迫于虏廷谕旨及浙抚乱命，跋涉长途，悲愤交集，家居半稔，邑邑寡欢。凡所蕴积，悉付吟咏。取放翁诗句，自署其稿曰：《风雨-宵恨满楼诗草》，命名之意，忿与"秋雨秋风愁煞人"之句，隐有关合也。及从兄弟析爨议定，复以家累，未许闲居。而先从父则以平墓之惧，方自辩白，雅不欲先兄复往，致滋物议。无已，改弦易辙，止于津门，效力河工，益自韬晦。卒以忧能伤人，夭其天年。初受暑为湿热之症，以客中起居饮食，百凡不便，忽又转痢，西医以药水治疗，不效，困顿床褥，寝至大渐，有同门僚婿鲍君，幕游昌黎，闻讯赴津，则以诸医束手，急电家嫂，力命大侄前往伺疾。倚装未发，而噩耗至，则已于八月二十六日捐馆，享年三十有七岁。伤哉，既丁女委之丧，又抱鸰原之恸。觞豆言欢，虚期魂梦，幽明永隔，涕泗何穷。门衰祚薄，吾乌能肩兹重责乎？

招魂致祭，设座荐亡，孀妇孤儿，凄惶可想。大侄壬林，童年失怙，星速奔丧。次三两侄，虽有［在］髫龄，如雪麻衣，亦知哭父。斯时吾家猝遭变故，家运艰危，自顾不遑，奚暇及他。湘中所遣干役，在势不能不令其暂待。行期屡易，直至九月中旬，始克扶柩起程。辞灵祖奠，革草举行。追维两三年间，兄姐相继物故。在逝者一棺附身，万事都已。而生者自念，情何以堪。李后主有云：此中日夕只以眼泪洗面。亶其然乎。

邑人阿金、嵊人阿富，佚其姓氏。均大通学堂工役。阿金掌舟子。畴昔先姐自堂返宅，间亦弃骑而舟，胥由阿金执役。自丁未之变，两人均乘间遁免，不知流离何所。宣统二年秋间，忽偕至余家候起居。语及前事，于邑不胜。此辈细人，忠款乃尔尔，以视得鱼忘筌者，诚有间矣。

辛亥八月，武昌起义，浙省相继光复。缅怀死难诸先烈，愿捐顶踵，誓扫妖氛，或丧先轸之元，或埋宏苌[苌弘]之血，见危授命，视死如归。不有表彰，奚资矜式。于是浙省当道，徇地方士绅之请，有营建秋墓之议。派员往湘，专司其事。湘潭王氏初以惊动先灵为辞，拒绝迁葬，浙中人士则以先姐归正首丘，宜瘗故土，争之甚烈。几经平定，卒得启穴归榇。仍就西泠桥旧址，筑茔安葬。三尺桐棺，迁徙频数，至是乃佳城永固焉。

湘人刘典，咸丰间以诸生从戎，随左宗棠转战皖赣有功，官至广东巡抚，卒谥果敏，建祠西湖。光复后，刘典过去历史，与革命旨趣不合，未便崇祀，没收入官。海盐朱介人（瑞）都督浙江，以刘祠适近秋墓，乃拨给秋社，改为鉴湖女侠祠。社长徐寄尘女士擘画经营，规模粗具。当齐耀珊长浙时，刘氏子姓夤缘北政府内务部，咨请省署发还。惟以祠旁隙地已建秋墓，视为刘氏捐助，仍从其旧。浙人闻之大哗。赖省议会诸议员提案力争，始得打销。孙传芳据浙，又一度归刘氏。直至民国十六年国民革命军底定东南，复得收回。

予客皖江十稔，居乡之日至罕，于此事[底]蕴不甚了了。曾以询之徐女士，然女士当时适有粤东之行，据友人告及，方悉其事。亦无案牍可稽，爰就耳[闻]所及，志之如此。至于详细之记载，当俟诸异日焉。

西湖秋社甫经成立，而鉴湖秋社亦居然接踵而起。局外人观察，以谓越中为先姐桑梓之乡，又为成仁之地，神州光复，革命告成，邦人士追维先烈创业之艰，死事之烈，千秋禋祀，礼亦宜之。庸讵知内幕实为一滑稽可笑之剧，其作用迥非若是之简单也。

先是漓渚镇之宝寿寺，即吾侪丁未岁六月一度避难之所，寺产无多，而觊觎者大有人在。果焉民元之厦，有人假借佛教会名义，图谋兼并。事机不密，为住持僧增法所闻，既惊且惧，丐诸镇中诸檀越为助。有张某者，夙工心计，阴念此事非出奇制胜，决难瓦全。彼辈既挟佛教会名义而来，在法，此间当以更大名义拒之。以子之矛，攻子之盾，庶其有济。遂号早[召]于众曰：昔秋女侠尝游宝寿禅寺，爱其景物萧旷，流连不忍遽去。雪泥鸿爪，大是有缘。设为人攘窃认去，非惟住持僧之责，抑亦护法者之羞也。为今之计，宜于寺中附设鉴湖秋社，纪念先烈，即所以保存兹寺。一举两得，无逾于此，诸君以为何如。众拊掌称善。议遂定。实则先姐生前游踪曾否至寺，既未能起九京而问之，亦只能任若辈假名以行已耳。

增法于兹事有利无害，自所乐从。乃由地方绅士联名呈请官厅立案。仓卒筹备，瞬即就绪。于寺中左偏辟静室，正中设一神龛，位置栗主。先大兄徕绩、前任山阴县知县李钟岳、河南烈士程毅均附祀祠焉。

夏六月六日，迎主人祠，巡行全市。一切仪仗，悉仿丧葬。突梯滑稽，直同儿戏。绍兴民团统带何悲夫（旦）率部一排、军乐一队，前往参加。增法节瓶钵余资，备素肴款客，所费亦达百金。席间，悲夫质发起诸人曰："越郡创设秋社，不让西湖秋社专美于前，诚为当务之急。顾社址宜居城市，交通较便，庶使四乡人士之来祠崇拜者，无跋涉之劳。曷为附设于此荒僻之禅宇，致令游人裹足。事先又无宣传，不容他人妄参末议。草草成礼，终嫌亵渎。不佞景仰先烈，虽明知之，亦复躬预其盛，不知诸公何以教我。”主其事者闻之，顾而言他，乱以他语。悲夫遂置之不问，然而寺僧之计，则已售矣。

栗主入祠典礼告成，寺门乃悬一铅质黑底白字之牌，大书“鉴湖秋社”，借为护符。事果奇效，彼垂涎寺产者，已杜妄想。然赵孟所贵，赵孟能贱，原为人之恒情，比丘何知，胡能例外。彼其立社之初，无非借秋社之名为保产之计。事过境迁，于清净佛地，设此不伦不类之秋社（僧人势利，固有此想，非笔者厚诬也），已极痛心疾首；且增法为人异常怪癖，于兴建水陆道场，在他寺借此沾润，求之不得者，而增法拒之惟恐不速。个性如此，则秋社之难持久，早在吾人意计之中。

翌岁六月六日，为先姐就义六周年纪念。鉴湖秋社诸社员，已淡然忘之，不再举行祀典。顾名思义，立社之本旨云何，恐亦将哑然失笑。后此吾尝往寺调察，所设神龛，蛛网密层，尘霾积封，已如荒废古刹，终岁不见人迹。寺门所悬秋社之牌，久为住持撤去。所谓“鉴湖秋社“,固已形存实亡。增法圆寂,继承衣钵者为其再传弟子。恐无几时,此社将自然消灭。数方栗主,或将视为舆薪而拉杂摧烧之矣。可慨也夫!

当吾越光复时,嵊县王季高首先率部入城,易帜响应。事定,遂为绍兴军政分府都督。有邑人章某者,挟申韩术,曾居浙抚张曾敭幕府,微闻丁未大通之狱,实左右之。事无佐证,章固弗承也。季高既主越政,籍没其家。章机警,先期免脱。季高因于入官之产,拨回二十亩,为先姐永久祀产。由大侄负责保管,永以为例。

不久,季高下野。越年而有二次革命,地局变迁,祀产幸尚无恙。民国四年,章某以袁世凯之力,获充财部秘书,权势炙手可热,旧产先后璧还,惟祠田则颇难借口。值先从父青士公方任约法会议议员,侨居燕京。章乃浼乡人关说,愿为大侄谋一善地作交换。侄初不许,继念彼居要津,势不能敌,国民党方为袁氏非法解散,党员星散,无可诉语,只能勉诺。章既踌躇满志,所谓交换条件,则已食言而肥。大侄本无意于此,任其玩弄手法,第一笑置之而已。

叙述至此,忽忆尚有数事,为前文的未及,因补志之。

先君好饮，予兄弟姐妹四人，秉此遗传，亦恋良酝。忆丙午之冬，岁已云暮，大雪竟日，积至盈尺，室内呵气成冰，冷不可耐。姐温酒消寒，独酌无俚。瞥睹予及二侄午桥在侧，因笑谓曰："尔辈能饮乎？"曰："可。"姐戏取案上二巨盏，各容酒半斤许，引满之，命予等作鲸饮。一吸而尽。姐莞尔曰："犹有余勇可嘉否。"予年少好胜，强应之。复浮一大白。幸无醉态。而午桥则玉山颓矣。后此每举以为谐谑之资云。

先姐赋性质直，胸无宿物，眉宇间含英气，双瞳尤奕奕有神。待人接物，必信必忠。生平不尚狙诈，亦不乐人谄谀。予幼时与侄辈嬉，间作妄语，辄遭呵斥，以故綦畏惮之。

犹忆河南程烈士毅，时任职大通学堂。某日来予家，不知是何过失，为姐所责。严词诋诃，不留余地。烈士唯唯引咎，不敢辨白。及午餐后，携余手游于户外，谑浪笑敖，犹有童心，前事俄已忘却。固由烈士天性纯挚为不可及，抑亦先姐胸襟坦白，所以感人也。

予于烈士最为审熟，尝见其着黄色斜纹军服，镀金之钮，熠熠生光，剪发畜小髭，肤色黄黑，身材中等，声容笑貌，宛在目中。丁未之变，烈士禁于囹圄，闻耗较晚，惊起跳浪［踉］若中狂痫，不

秋瑾故居

食不饮,卒致瘐毙。今"西湖秋社"奉其栗主附祀。社会鲜知其人,因纪其崖略如此。

贵福知绍兴府,山阴县知县李钟岳,既忤以旨被迫自尽,而会稽县知县李瑞年,则于大通之狱,实终始之,能得贵欢。李福建建瓯人,在沈金鉴长浙时,檄委为萧山县知事。沈剑丞先生(定一)通电反对,指为秋案祸首。未克履新,调任富阳。洎革命军底定东南,曾一度归籍。未久,复还寓武林。闻官囊充牣,已于杭市置产，作终老是乡计。此君于清室为忠臣，于民国为能吏。浮沉随俗，出处何[无]常，诚识时务之俊杰矣。

先姐平时手不释卷，著作等身，然经丁未案后，散佚殆尽。王芷馥君编先姐诗词，仅收诗八十七题、词三十八阕。龚味荪先生之编虽云较多，然亦只收诗一百零九题、词三十八阕、歌一首而已。长沙秋瑾烈士纪念委员会于民国二年在长沙刊先姐遗稿，多于龚编诗一首。即王灿芝编本，收诗一百十一题、断句十一、词三十九阕、歌三首、杂文八篇、译文一篇，虽云大备，但亦阙失者多矣。故予近二十年来，随处索求，复得先姐手稿弹词精卫石一篇（此文曾于坊间见刊本，然非先姐原稿，系知其事而伪撰假托先姐所作也）、信札十三通、诗三十八首、词廿阙、歌三首、联语一。仅[谨]将原稿什袭而藏外，又录副以附本书之后。全璧之求，当俟之于他日焉。

民国廿年四月秋宗章脱稿于和畅堂

《六六私乘》

秋宗章

民十五之冬，女甥王桂芬辑《秋侠遗诗》，邮寄请文，弁诸简端。予诺之，久不报。明年，桂芬渡美习航空，行李戒途，迫不能待，搜集未备，仓卒付梓。予文则以人事匆匆，迄未具草。回忆丁未之岁，予才佩觿之年，稚气未除，少不更事，虽女嬃成仁，亦知哀恸，顾历年稍久，记忆无复了了，间有留存脑海者，又以畏溯旧事，不忍覼缕。职此之由，搁管者屡。上年中央党史编纂委员会有党史之辑，条例项目，属填事略。兹事体大，攸关先大姊毕生信史，罔敢以疏懒辞。既为叙次申送，犹有绪余，缘格于例，多所割弃。因复成《六六私乘》若干言，冀存异时故实，且以塞吾甥之责。嗟乎，一宵风雨，无限悲秋。握管吮毫时，正不知涕之何从也。

天水秋氏，世居绍兴山阴县西南二十里之福全山，聚族而处，耕织自给。传至某世，有兄弟两人，弗乐耕耨，请于父，愿就外傅，父不许。兄弟窃就村塾请业，深夜同榻，置瓦灯于侧，共枕而读，如是者数年，父不知也。俄而次子以瘵没，父廉得其情，禁之益厉。某岁，长子饰辞晋郡，应童子试，一战而捷，名列前茅，贺喜者踵门，父犹疑其误。子归，询之良确，大喜过望。自是吾族遂以耕读传家，渐负乡望。传至高祖讳学礼，字立亭，官秀水教谕。曾祖讳家丞，字砚云，官江苏华亭、青浦、上海、南汇等县知县，邳州知州。祖讳嘉禾，字露轩，官福建厦门海防厅同知补用知府。父寿南，字益山，号星侯，三品衔，官湖南郴州直隶州知州。四世均登贤书，乃为越中右族矣。

予兄弟姊妹凡四人。长兄誉章，字徕绩，附生，候选训导。伯姊闺瑾（后易名瑾），字璇卿，自号竞雄，别署鉴湖女侠。仲姊闺珵（后易名珵）字佩卿。予次居最幼。先大父宦闽久，先君随侍，全眷侨寓，故伯姊实生于闽，时为光绪元年夏正十月十一日也。幼与兄妹同读家塾，天资颖慧，过目成诵，为先君所钟爱。教以吟咏，偶成小诗，清丽可诵。及笄以后，渐习女红，尤擅刺绣,虫鸟花卉,阴阳反背,自出心裁,靡不毕肖。顾性不乐此,旋即弃去,时复把卷伊吾如宿儒。先妣单太淑人,系出名门,亦读书识字,遂自课之,盖慈母而兼师保焉。

光绪十年以后,先君膺余姚邵筱村中丞(友濂)之聘,为台湾抚院文案。中丞调湘,先君亦以直刺听鼓楚南。奉藩司何公檄,筦榷常德,量移湘潭。姊方待字闺中,遂与邑绅王氏联姻,于光绪二十二年夏正正月初五日成礼。婿字子芳,行四,风度翩翩,状貌如妇人女子。姊转伉爽若须眉,瑟琴异趣,伉俪不甚相得。越岁五月二十八日,生子沅德,字仲瀛。辛丑八月二十五日,生女灿芝,字桂芬。与王氏合资创和济钱肆于城内十三总(地名),逐十一利,以济日用,亦由姊孑身远嫔,不欲睽违亲属,从其志也。

钱肆主者陈某,性刁狡,貌为谨愿。欺先兄之不谙阛阓利弊,姊又日处深闺,为旧礼教所束缚,不能躬往稽核。且待人接物,胸无城府,亦不虞有他,陈某遂得上下其手,任意侵渔。翌年岁杪,母金尽耗,宣布清理。人欠无法追偿,欠人则必须归清。湘潭旧例,各钱肆得发钱票,每币计值制钱一串。至是,持票者纷纷兑现。先兄为信誉计,悉索敝赋,破产以偿,姊亦典钗鬻珥以继之。顾陈某包藏祸心，犹施鬼蜮，窃已兑之票，自后户出，遣其爪牙，伪作贩夫状，复由前门入肆兑现，先兄据案持筹核算，不暇旁骛，未烛其奸。肆伙故与陈某沆瀣一气，立予付款，不稍留难。转辗弊混，又损资巨万。其初犹欲背城借一，重振旗鼓，卒以后难为继，无力复兴。然损失虽巨，一无蒂欠。贾人相传，谓为他肆所未有。邑中某姓，至欲以五百金购"和济"市招，续营钱业，兄及姊均靳而弗与。

戚友中有深悉陈某之奸者，托兄之名，讦之于县。县令拘陈某押追。姊悯之，语兄曰："资产既去，不可复返。虽科陈某监盗或侵匿之罪，九死以蔽其辜，于事胡济？宽大待人，其宥之便。"兄以为然，为言于县令，释之去，邑人咸誉为盛德。后闻陈某匿资作富家翁，广营田宅，而三五年间，祝融肆虐，庐舍为墟，有子不肖，依然赤贫，亦可见报施之弗爽矣。

有一事为予所毕生不能忘者，其事甚细，而姊之爱弟，无微不至，已可于此觇之。当余七龄时，读于家塾，姊介湘人袁某来就西席。其人颇有文名，顾年少气盛，不知诱掖，动施夏楚。先兄及姊犹谓朴作教刑，故自无碍。是岁，予右耳根溃烂，历久弗痊。一日，因诵书不熟，袁某以戒尺击案示威。予惧而走避，触彼之怒，以拇食两指钳予右耳，牵之令前，用力过猛，耳根之肉，脱离过半，血涔涔下，余痛极大号。家人询得其故，亦斥袁之不能为人师。姊适归宁，睹之恚甚，立下逐客之令。明日，袁遂辞馆而去。数年后，姊自东瀛归里，偶话前事，犹为愤愤。袁亦东渡留学，异国相逢，不无芥蒂，乃至彼此未通闻问。事之起因，良由予之鲁钝，然师道如此，宁得谓为循循善诱乎！

先君居官，以清廉著。鹤俸所积，原非丰裕。脱令子侄力保先畴，兢兢业业，犹可毋虞冻馁。既丁"和济"之变，则一败涂地，资产荡然。异地不可久留，乃摒挡作归计。罗掘所有，得数百金。扶先君灵榇，于癸卯五月旋里。犹忆成行之先日，予偕侄辈往王宅谒姊辞行。姊虽不作儿女之态，顾骨肉远离，相逢无日，亦不禁黯然。临歧，丁宁频数。予侪惟含泪应之。归途道经湘潭厘局，追惟先人宦辙，以及儿时游钓之所，益为怅触。今兹事隔三十年，回首前尘，犹恍然在目也。

自予家归里后，姊婿子芳入赀为小京官，携眷北上。当是时清廷失纲，亲贵用事。值甲午、庚子两次丧师辱国，赔款亿兆，累卵之危，岌岌不可终日。而君酣臣嬉，泄泄沓沓，犹不知振作。姊目击心伤，思以改革为己任，新书新报，靡不浏览。所受刺激

秋瑾照

既深，持论亦益烈。稠人广坐，议论风发，豪情胜概，不可一世。尝摄舞剑小像，又作《宝刀歌》《剑歌》以见志，和者甚众。

桐城吴芝瑛女士者，挚甫先生（汝纶）犹女，为梁溪廉惠卿（泉）德配。惠卿官户部郎中，偕居京邸。女士幼承家学，尤精八法，诗文转为书名所掩。于时人少所许可，邂逅论交，独倾倒于姊，结金兰之契，女士稍长，妹之。两情爱好，不啻同怀，居处密迩，过从酣唱无虚日，惜随手散佚，稿已不可得见。姊之思想既甚变迁，乃首倡男女平权之说，尝语女士曰：“女子当有学问，求自立，不当事事仰给男子。今日志士昌言革命，吾谓革命当自家庭始。”女士然之，惟以凡所云云，锋芒太露，足使腐儒掩耳，骇世惊俗，时时戒以慎言。姊曰：“吾所持宗旨如此，异日女学大兴，数十年后，必能达吾目的。然不有倡之，谁与赓续也？”？

于是有东渡留学之志，而子芳不善之，靳弗与资。姊遂脱簪珥，谋举费，勉强成行。京师相识诸姊妹，先期置酒城南陶然亭为祖帐，此光绪三十年秋间事也。

会宁河某君（疑即王照，字小航，宁河人，戊戌以礼部主事言事，超擢候补四品京堂。变政避日，复潜行归国，在京闻沈荩被逮而死，虑亦不免，乃至步军统领衙门投案，下刑部狱）以戊戌事自首，系刑部狱。姊闻之，乃分其金以应急，展转达狱中，属勿告姓名。迨宁河遇赦出狱（西后诏赦党人，王照出狱，复原官），始知之，而姊已东行。宁河寓书谢之，事后与人语，辄为流涕。然姊与宁河初不相识也。某女士赠诗有句云：“隐娘侠气原仙客，良玉英风岂女儿。”二语为能仿佛其生平云。（见芝瑛所撰《记秋女士遗事》。）

姊抵日本后，初入预备学校，补习日文。以资斧未充，利在速成，故所习倍常程。明年乙巳，考入实践女学校肄业。是夏，孙中山先生赴日，夏正六月二十三日，东京留学生开欢迎会于富士见楼，到者甚众。旋开同盟会预备会于饭田町程家柽寓宅，以“驱除鞑虏，恢复中华，建立民国，平均地权。矢信矢忠，有始有卒”为誓词。次日，开成立会于赤坂区桧町内田良平之宅。越数日，又在灵南坂子爵阪本金弥宅，开干部选举会，推孙中山先生为总理，黄兴为庶务（其职权为协理），汪兆铭为评议部议长，邓家彦为司法部总长。各省分会置分会长一人。姊被推为浙江分会长。（见《太平杂志》第一号田桐撰《革命闲话》。）

事为清廷所闻，与日政府交涉，由文部省颁布留学取缔规则。留学生群起而争，陈天华以蹈海死，众人益奔走相告，相率罢课。一时归国者，在上海创立中国公学。而驻日公使杨枢收买若干不肖学生为间谍，刺探学生虚实，姊既深憾帝国主义之压迫，又亟欲返国为革命实地工作，乃于丙午春间归国。

道经上海，晤吴芝瑛，述其留学艰苦状，出新得倭刀示之曰：

“吾以弱女子，只身走万里求学，往返者数，搭船只三等舱，与苦力等杂处，长途触暑，一病几殆，所赖以自卫者，惟此刀耳。”俄而行酒。酒罢，姊拔刀起舞，唱日本歌数章，芝瑛之女以风琴和之，歌声悲壮动人。翌日别去，两人自此遂不复见矣。

当姊之留东也，目睹我国留学生之种种腐化，颇为痛心。纵（此处疑脱一“无”字）文部省之取缔，亦久欲拂衣径归，此其旨趣，可于所撰《中国女报序》中见之。其言曰：“当学堂不作，科举盛行时代，其有毅然舍高头讲章，稍稍习外国语言文字者，讵不曰：‘新少年新少年’。然而大道不明，真理未出，求学者类皆无宗旨、无意识，其效果乃以多数聪颖子弟，养成翻译、买办之材料，不亦太可痛哉！十年来此风稍息，此论亦渐不闻，然而吾又见多数学生，以东瀛为终南捷径，以学堂为改良之科举矣。今且考试留学生，某科举人、某科进士之名称，又喧腾于吾耳矣。自兹以后，行见东瀛留学界蒸蒸日盛矣。呜呼！此等现象，进步欤？退步欤？吾不敢知。要之，此等魔力必不能混入我女子世界中，我女界前途，必不经此二阶级，是吾所敢决者。”尔时留学生之目的，大多数眷恋于高官厚禄，下焉则以洋行买办、翻译为尾闾。此等现象，近犹未免，不得视为苛论也。

姊留东时，不废吟咏，然遗稿留存不多。所习见者，惟《中国女报》所载五七律数首而已。如《感时》云："祖国陆沉人有责，天涯飘泊我无家。"《黄海舟中》云："驰驱戎马中原梦，破碎河山祖国羞。"《感愤》云："抟沙有愿兴亡楚，博浪无椎击暴秦。"均脍炙人口。又《日人石井君索和即用原韵》有句曰："漫云女子不英雄，万里乘风独向东"，亦足觇其胸襟。在创办《中国女报》以前，曾与留日同志创《中国白话报》于东京，月出三册，每期约四十页，委托日人代印，鼓吹排满，论调最为露骨，与同盟会机关报之《民报》殊途同归。他人作品，类皆托名张禄，惟姊所撰白话论说则直署真姓名，不稍隐讳。出版十余期，姊即回国，箱箧满贮是报。丁未之变，悉付丙丁。惟余髫龄好弄，爱其封面图画，曾向姊乞得数本，今犹存在。盖亦足为中国革命史中之纪念品矣。

清代光绪三十年，科举停废，各省广设学堂。然风气闭塞，人心顽固，不为社会所信任。且戊戌变政，一现昙花，新党婴祸至烈。前轸未远，可为殷鉴。是岁改革，疑非西后本意，事变之来，未可逆料。故子弟之入学堂者，不无戒心。予及二侄，初就外傅，读于私塾。姊闻之，不谓然也，自东贻书，命予入会稽县学堂，长次二侄，则入徐伯荪（锡麟）烈士手创之东浦热诚学堂。岁时通问,督趋甚至,原扎均毁,今所存者,惟致大侄壬林之函,虽非全璧,犹为手泽。今特捡出制版,以供众览,吉光片羽,弥足珍已。

光绪三十二年二月某日昧爽,姊返自东瀛,着紫色白条棉织品之和服,宽襟博袖,盘髻于顶,乍见几疑是。姊笑抚余首曰:“弟长大成人矣,犹识阿姊否?”予闻语恍然,惟牵衣憨笑。早餐后,入学时间已届,不忍遽行。姊慰之曰:“弟速往读书,晚间归来,有饧食贻妆也。”予无已,快快而去。当时情况,如在目前,今日追忆,则一一为伤心资料矣。悲夫!

姊既归,乃弃和服不御,制月白色竹布衫一袭,梳辫着革履,盖俨然须眉焉。此种装束,直至就义之日,迄未更易。改装伊始,曾往越中蒋子良照相馆摄一小影,英气流露,神情毕肖。今兹视之,恍如隔世。家居数日,应吴兴浔溪女学之聘为教员,与石门徐寄尘女士订交,文字骨肉,最为投合。暑假辞职。

有湘人蔡竞女士者,留学日本,入实践女学校,资用乏绝,遂至辍学,姊念其无告,挈之返国,而女士孑然一身,无家可归,复慨然自任,邀寓吾家。尔时从兄弟同堂共居,犹未分炊,食指甚繁,时虞不给。家人退有后言,姊明知之,即亦不问。

客南浔日，又挈一孤苦女生吴珉女士。姊曾戏予曰："今日来一远客，将尊汝为师叔，莫不羞否？"自丁未六月六日之变，蔡、吴均他往，先后适人。吴女士且易名为惠秋，示不忘也。

《中国女报》创办之始，原拟集股万元，以二十元为一股，置办印机，聘请名人担任撰述，印报编书，同时并进，基础既固，然后可期久长。当时曾将所订"章程"，刊登上海《中外日报》，分送各女学堂，意谓女界风气已经开通，不乏同志相与邪许。虽越时甚久，入股者仅四五人，集款才数百元。事与愿违，势将中辍。姊既悲且愤，益知开浚民智，潜移默化，则女报之创为不可缓。复勉筹数百金，赁庑于上海四川路厚德里。仓卒筹备出版。自撰《发刊辞》曰："世间有最凄惨最危险之二字，曰黑暗。黑暗则无是非，无闻见，无一切人世间应有之思想行为等等。黑暗界最凄惨之状态，盖有千万不可思议之危险。危险而不知其危险，是乃大黑暗。黑暗也，危险也，处其身其间者，亦思自救以救人欤？然而沉沉黑狱，万象不有，虽有慧者，莫措其手。吾若置身危险生涯，施大法力，吾毋宁脱身黑暗世界，放大光明，一盏神灯，导无量众生，尽登彼岸，不亦大慈悲耶？……夫含生负气，孰不乐生而恶死，趋吉而避凶？每所以陷危险前不顾者，非不顾也，不之知也。苟醒其沉醉,使惊心万状之危险,则人自为计,宁不胜于我为人计耶?否则虽洒遍万斛杨枝水,吾知其不能尽度世人也。然则曷一念我中国之黑暗何如?我中国前途之危险何如?我中国女界之黑暗更何如?我女界前途之危险更何如?予念及此,予悄然悲,予怃然起,予乃奔走呼号于我同胞诸姊妹,于是而有《中国女报》之设。……”其旨趣可见一斑。报既印行,集编辑、校对、发行之责于一身,不辞劳怨。除躬任撰述外,旌德吕碧城女士之文、石门徐寄尘女士之诗、会稽挽澜女史(陈伯平烈士之妹)之小说,均有投寄。卒以资金不充,销路甚滞,且无丝毫广告收入,仅出两期,即告停顿,铩羽而归。家从兄美章,无力就学,姊独任其难,资助学费,命入吴淞中国公学肄业,晚间即寄宿《中国女报》馆,俾助理庶务。至是,亦中途退学焉。

姊二次归越,乃弃宣传工作而为实际工作,约徐伯荪(锡麟)烈士创办大通体育师范学堂,以府山麓古贡院之义仓为堂址,先兄徕绩,亦任历史、舆地教习。大通学堂托名为养成小学体育师资,实则训练军官,内部编制,悉仿正式陆军,备为革命基本队伍。予家居南门和畅堂,为明季大学士朱公别壁,虽非甚宏敞,然颇多间舍,又以地僻,不甚为人注目,故一切会议,均假予家客厅为之。予年幼不解事，无所避忌，遇紧急会议时，关防严密，则予亦尝挥诸门外也。

诸人之来，或骑或步。最习见者，为徐伯荪、竺酌先、孙德卿、黄介卿、王季高、程毅诸先生。午前集会，日旷散去，座间切切私语，亦无人敢往窃听。大抵所定计划，就金、处二府属及嵊县等处，阴招壮士，编为八军。以“光复汉族、大振国权”八字别之，总名之曰“光复军”。熔铸金约指二八枚，镌诗于上曰：“黄河源发浙江潮，卫我中华汉族豪，莫使满胡留片甲，轩辕神胄是天骄。”分颁魁杰，以资凭证。姊左手小指，亦戴其一。就义之后，不知流落何所矣。

部署就绪，公推徐烈士为首领。姊为协领，王季高（名逸，乳名金发），竺酌先（名绍康，又字谪仙，前浙江省保安处长竺鸣涛之父），张恭（金华人，参与辛亥、癸丑两次革命，见嫉于袁世凯，嗾使侦探诱捕之于沪，后被赦归，病殁故里），吕逢朝（处州人）为分统。未几，徐烈士以绍兴党山村富豪许少卿之助，入赀为候补道，束装赴皖，奉檄为巡警学堂总办。往返密商，俟皖事得手，则浙省亦发难响应。议定，遂选光复军三十二人赴杭，又别遣二百人，散去江干伺动静。一经宣布，则省中第二标新军即为我用，同时攻上海而逼苏常；皖军则上扼武汉，下趋江宁。东南半壁，即可为根据地，简搜精锐，北窥幽燕，天下事可传檄定。讵知徐烈士（锡麟）以巡警学堂庶务顾松偾事，先期而发，刺杀皖抚恩铭后，即被捕惨戮。风声至浙，而越祸起。种种计划，悉付泡影。实清祚之未绝，非人谋之不臧也。

绍兴府知府满人贵福，出身翰林，于先姊之人格学问，极为钦迟，尝撰联赠之云："竞争天演，雄冠地球。"姊虽恶其人，然利用其昏庸，免为革命阻力，故亦虚与委蛇。

越中有劣搢某某等数人者，平时厕身学界，以搢绅先生自命，干预词讼，声名狼藉。以贵福之推重先姊也，则亦辗转结交，藉广声气。姊嫉恶如仇，夙谂若辈隐慝，深知鄙薄，不稍假借。以此某某等均深衔之。呜呼，孰知祸因即种于此乎！皖难既作，徐烈士之家属，首先波及，其尊人梅生先生被逮。所谓劣衿者，憾徐转不若撼姊之甚。彼辈于大通内幕，略有所闻，为避嫌远祸计，亦为睚眦报复计，遂联名告密于贵福。贵福故与皖抚恩铭有葭莩谊，恩被刺殒命，不无狐兔悲。既据劣衿告密，乃于六月初三日晋省，谒浙抚张曾扬，密陈"大通体育会女教员秋瑾，暨嵊县平阳党匪首竺绍康、吕鸿楙等，有枪六百支，将于六月初十日左右起事，请发兵剿捕。”曾扬信之，派新军第一标标统李益智（为曾扬之亲信，由山西任所挈之来浙，派充标统，其人性情暴戾，且好渔色，不为浙人所重）率领常备兵两排，计三百人，随贵福来绍。翌日下午，会同山、会两县，督同营兵，包围大通学堂。时学生已放暑假，留堂者仅三十余人，闻耗奔避。新军弹如雨发，击毙二人（或曰七人）。有某生被逼落水，一兵发枪，弹穿其背，死状甚惨。姊已知万难幸免，束手被拘，学生亦同逮十二人。全堂搜捡一过，略无证据发现。而新军收队归府时，沿途高唱凯歌，以庆奇功，可谓不知人世间有羞耻者也。

绍兴旧府属新昌县东五十里天姥山，有动石夫人庙。相传宋室南渡时，金兵到此，有巨石无数，自山巅滚下，金兵触石而死者踵相接。后人槽其灵异，醵金建庙，崇祀勿衰。虽齐东野语，不必果有其事，而长老传闻，犹虎虎有生气。姊曾撰题一联云："如斯巾帼女儿，有志复仇能动石；多少须眉男子，无人倡议敢排金。"其志趣已可概见。顾当被逮鞫问时，自承为男女平均革命，非满汉种族革命，此外则惟自书"秋风秋雨愁煞人"七字，义亦甚晦。所以然者，殆由投鼠忌器，不欲贻祸家族，故讳言之云尔。不则"倡议排金"者，宁非无的放矢乎？姊就义惨状，知者甚多，毋庸殚述，且涉笔至此，心意烦乱，罔知所从，亦不忍追忆也。

然自此案发生后，越中人士，明知贵福之倒行逆施，大都噤若寒蝉，不敢仗义执言。而贵福则犹未悔祸，欲兴大狱，按照大通学生名册，命山、会两县一体查拿，或派差访辑，责令家属交出；又委山阴县知县李君，来予家搜查军火（事详后）。闾阎驿扰，群情惶惑。城内居民，稍有资产者，惧祸至之无日，相率迁避乡间。市廛银根，异常紧迫，钱业向杭垣调集现银十万元，以备缓急。浙抚张曾扬，听信佥壬煽惑，复檄委候补道陈翼栋抵绍，会同查办。翼栋亦卤莽灭裂者流，据匿名揭帖之言，带队擎枪，捣毁绍城同仁学堂，乘机抢掠，历二小时，搜无实据，乃将堂中董事，拘之府署，将穷治之。

于是教育界人士大哗，联名电讦。上海《中外日报》于此事曾加以评骘，颇能鞭辟入里，略谓："同仁学堂事，由吏役诬作而起，非若安东秋某，枪毙学生，事关人命，激动公愤者可比。乃越人舍大而遗细，置豺狼不问，而向狐狸。即此以观绍郡绅士之无人，更甚于他府矣。"同时某报有署名佩韦者，致浙省绅界书，责备甚至，谓："公等中于惧罹祸累之一念，而卒不敢异议，是不惟无义气、无热血，亦且眼小如豆，胆小如粟矣。是天下可鄙可怜之人,(疑脱一“无”字)公等若也。”又有某报撰《卖友者之将来》一文,对于某某等之告密,冷嘲热讽,词严义正,略谓:“秋某之死,不死于侦探,而死于告密;不死于渺不相关之人,而死于素号开通,旦夕过从之人。彼其所以为此者,以畏株连之一念故,不惜牺牲一弱女子,以自免其生,在彼固宜以为得计。虽然,彼其将来,果能见赦于官吏与否,殆尚有所不知。”舆论之激昂,可窥一斑,因摘录之,以见公道之未泯也。

浙抚张曾敭,既为清朝廷所蒙蔽,铸此大错,颇为舆情所不满。曾扬患之,乃于六月八日捏词电奏,略云:“获到金华、武义匪目供出,系大通学堂勾结起事。当由该府嵩守,禀请执查。旋据绍兴府贵守禀称:‘大通学堂系逆匪徐锡麟所办。’查阅江督皖抚电钞,徐匪供词情节略同。当饬贵守星夜来杭,面商一切,并扎派常备军两队赴绍兴,会同贵守查办。又据绍郡绅士密禀:‘大通体育会女教员匪党秋瑾、吕鸿懋、竺绍康等,谋于六月初十左右起事。竺实党首,闻已纠约嵊匪万余人来郡,乘机起事。’等语。贵守当于初四日傍晚,率领军队,前往大通学堂及嵊县公局搜查。该匪党胆敢开枪拒捕,兵队亦开枪还击,毙匪数名,并获秋瑾及余匪十余人,起出后膛枪三十支、子弹六千多粒。讯据秋瑾供认不讳，并有亲笔悖逆字据。匪党程毅，亦供出秋瑾为主谋、余系胁从等语。由该守电禀。当即复电，饬将秋瑾正法，仍搜捕未获余匪。嵊县、金华等处军队后到，亦格毙匪首多名，捕拿匪党二十余人，余匪星散。杭州省城，近已戒严，目下尚称安谧。请代奏。扬庚。”查是年五月中旬，金华、武义等处，有九龙党刘耀勋开堂，乘机抢掠。驻衙巡防副将沈琪山，于十八日率巡防队抵武义，二十三日与匪激战，拿获头目聂李唐、李嘉宾、李好江、李良金、李维纶、李何济、陶思乾等，会同武义县知县钱宝熔禀报。初与大通学校无涉。张电所谓“勾结起事”，诬陷罗织，不足为信。惟谓据绍郡绅士密禀云云，则即前文所记之劣衿某某等十人所为，确系事实。惜辛亥光复时，府廨档案已无此函，坐令反革命之土劣，得以漏网，有余憾焉。

同时贵福亦有所谓安民告示云云：“大通学堂体学会事，前奉抚台密札，据金华府电禀武义县获匪聂李唐等引供出党羽甚众，内有赵宏富，缙云人，在绍兴体育堂司帐，勾结大通学堂党羽，希图接应起事。饬即密拿。当时密访，果有女匪秋瑾勾通竺绍康、王金发等，图谋不轨消息。禀奉抚宪，派兵拿获。而秋瑾竟敢开枪拒捕，又在学堂内搜出九响快枪四十余支、十三响快枪一支，夹弄内搜出子弹六千多颗，又有悖逆论说，及伪造军制单字据。当堂提问时，秋瑾已承认不讳，并认竺绍康、王金发亦曾相识。拿获秋瑾时，在其手中夺得七响手枪一支，装有子弹。续奉抚台电，准安庆电据徐锡麟之弟徐伟供：徐锡麟与秋瑾同主革命。可见秋瑾图谋不轨，在在确有证据，此次正法，并无冤枉。民间均多误会意旨，合再明白示谕。现匪首秋瑾，已经正法，竺、王两匪在逃。如有能拿获竺绍康、王金发二匪，每获一名，赏一千块洋钱。如有来府报信以致拿获，每获一名，赏五百块洋钱。至于学堂，乃是奉旨开办，学生乃国家所培养，断不能因大道学堂之故，概以大通学堂例之。如有不肖之徒，敢与学生为难，一经本府知悉，定当重惩不贷。”

凡所云云，桀犬吠尧，阅之令人发指。沪上报纸，如《中外日报》《时报》《文汇报》等，大声疾呼，昌言无忌，指斥贵福罪恶，不留余地。贵福欲以一手掩尽天下耳目，故有此示。惟是民言可畏，虽在专制时代，防民之口，甚于防川。

张曾扬与贵福，内惭衾影，外顾清议，卒至不安于位。未几，曾扬调晋，贵福亦调安徽宁国府。皖人习闻贵福之悖谬，一致拒绝，不克履新，卒清之世，蹭蹬终身，顾犹不自咎责，强颜语人，憾及秋氏。入民国后，易姓名为赵景琪，钻营入仕。此獠不杀，诚不能不碍于天道矣。

六月六日先姊就义之耗既播，桐城吴芝瑛女士首为作传，旬日后又记其遗事，且谓："罪人不孥，古有明训。吾与女士有一日之雅，又能道其平生，愿以身家性命，保秋氏家族。望当道负立宪之责任者，开一面之网，饬属保全无辜，勿再罗织，成此莫须有之狱，诬以种种之罪状，使死者魂魄尚为之不安。此余既为之传，又有纪其事之微意也。"所撰祭文，亦极沉痛。其辞曰："呜呼！君之死，天下冤之，莫不切齿痛心于官吏之残暴也。吾意大厦将倾，摧榅折栋者，又嫔然交错于其间，非一人之所能支者明矣。尼父以至圣之才，怀济世之志，尚不能挽衰周风靡势削之运。今时已将矣，澜已倒矣，君固英杰，奈之何者！设不幸微斯阴霾惨毒之冤，恐数载后，同时奴虏耳。生人之类，修名讳恶久矣。浙帅甘冒不韪，完君志节，成其千秋不朽之名，虽曰害之，其实爱之，此仁人之用心也。反常移性者，欲也。触情纵欲者，禽兽也。以浙帅之贤，岂嗜欲之流、禽兽之类与？意者抑君礼祀以求之哉！"此外，徐寄尘女士之祭文，天僇生之哀词，均传诵一时，文长不录。

尔时民间传说一异事，迹近误会，而言者凿凿，一若信而有征。据谓姊被逮后，系于请室。有某妇者，作奸犯科，禁锢终身，已不作重睹天日想。惟居狱中久，与狱吏渐习，狴犴以内，行止亦甚自由。所居适与姊邻室，悯姊遭遇，调护甚至。相处两日，姊即就义。某妇闻之，哭失声。一夕，忽见姊入室，不言不语，厥态甚庄，良久始隐，狱中人皆亲见之。予谓此事或由心理幻化，要难凭信。厥后又闻湘潭王氏，亦于某夕闻堂屋发巨响，且有革履橐橐之声，终宵不绝。王氏大惧，百计禳解无效。其时甥男女辈，均为伊大母所抚养，乃抱两雏默祷之，请顾念襁褓物，勿为已甚。自此遂寂然无声。而婿子芳，已先期辞官归湘，因悸致疾，翌岁捐馆。由是言之，风马之车，英灵傥在，招魂剪纸，神其来归乎？

初，皖江发难之耗传之越中，人心惶惶，不可终日。先姊逆料势将波及，亦曾早为之所。予家旧宅之西南隅有小楼，庋置杂物，其下为姊卧室，平时扃键，人迹罕至。室后扶梯，隔以木板，有扉可以启闭。推去木板，则梯下黝黑，终年不见天日。而姊之秘密册籍，以及往来电函，靡不储藏于此，虽家人亦弗知之。比事亟，浔阳女学学生吴珉女士犹居我家，乃助之移出，悉付丙丁。

故后此满奴搜索，一无发现，惟以其须有之词，锻炼成狱而已。

予五六龄时，先君官桂阳，闻歌老会有攻城之讯，先君已拚与城共存亡，惟念孺子无辜，不忍同归于尽，又以公然出走，民心惶恍，乃制黄布之袋，命予及诸侄各据其一，虱处其中，臧获辈作负米状，深夜肩之而出。既而事定，终亦无恙。此予命宫初次所遭縻蝎也。

复次，则为丁未六月之事矣。予家所藏革命文件，既已尽数销毁，先姊已谓脱然无累，犹存万一之想。且以光复军草创伊始，基础粗定，即此些微胚胎，萌发已非易易，雅不欲萎于俄顷。抑先姊生平胆大气豪，尝喜冒险，以是迟未果行。藉令畏葸苟全，洁身以去，则徐烈士皖江发难之日，以至六六之变，相距一旬，时日从容，早可就道，宁至构会乎！

是岁六月初三日，阴雨未霁，予家方有私奠，姊亦与焉。饭后围坐宴语，不殊畴昔。俄而先兄召余密室，诏之曰："少顷予往峡山村张时帆家（时帆为先兄之妻弟），汝等言乡间集资报赛，亦欲偕行。余佯未许，汝则固请，然后同往。顾情景宜逼真，毋留罅隙，致滋疑窦，否则不汝贷也。"予闻言大震，盖先兄性严重，曾授余读，夙畏惮之，亟唯诺如命，颇讶是事之突兀，亦不解胡由出此。既退，兄遂扬言命仆夫雇小舟，将往峡山践观赛之约。予知旨，立请同行，兄初弗应，予请益力，姊佯为缓颊曰：“弟方暑假，家居无事，童年好戏，母拂其意，盍破例挈往一游乎？”兄闻语勉诺，予亦雀跃。嗟呼，同气女兄，此别遂成永诀，追维畴昔，有余恫矣。

予既偕兄乘舟以行，风雨凄其，相对默默。橹声欸乃，若助太息。天夺其魄，局中人犹不梧大祸之迫于眉睫也。

峡山村距郡城二十里，日晡而至。嫂氏挈侄辈方归宁母家，睹予兄弟不速而至，良以为怪。兄亟与耳语，嫂亦无辞。翌日，延一乡人何姓者，晋城探音耗。黄昏归来，始知大通学堂被抄，姊已就逮，且有收系家属之谣。事不可测，兄既惊且痛，苦无术营救。吾侪居此，复非安全之所，即晚匆匆他适。此一页奔波小史，遂初展序幕矣。

距峡山村八里，有镇曰漓渚，为山阴、诸暨两邑往来孔道，人烟稠密，市集繁盛，称越郡西乡巨镇。离镇三里许，有宝寿禅寺，建于林莽间。自镇遥望，有山屏蔽，峰回路转，乃睹寺门。住持僧正法，年五十许，生性孤僻，不乐与人周旋，香火寝衰。赖有薄田百亩，山产称是，每岁收入，勉足自给。当光绪中叶，寺宇日就颓圮，先兄之妇翁，曾为创议鸠资修复，故张氏遂为是寺护法檀那焉。吾侪既谂峡山不可以久留，亟思迁避，顾满眼荆棘，无地容身，莽莽红尘，桃源何处？退回审慎，行止未由自主。忽忆及宝寿禅寺，差可安顿。是日晚间九时，乃雇一脚划小舟往漓渚，舴艋一叶，共载兄嫂侄辈佣妇暨予凡七人。舟小不能回旋，促促若辕下驹。幸为途匪遥，历一小时抵埠。适遇大雨滂沱，都无雨具，除嫂氏与佣妇抱幼侄分乘肩舆外，诸人皆昏夜冒雨步行。道滑泥泞，不敢携烛笼，暗中摸索，逾越田塍，颠踬者屡，衣履尽湿。鼓勇前进，久乃得达。剥啄寺门，则已问讯前候。住持僧所住禅房，较为幽邃，昼间扃闭，谢绝游规。是晚迁让予等下榻。明旦晨兴，履湿不可钠足，姑着予兄庞大之黄色革履，履底缀蹄形之铁，着地橐橐有声，跬步不容妄动。先兄心绪拂逆，性益躁急，尝怒目斥责曰："吾家遘兹奇祸，若曹未知死所，犹复泄泄沓沓，何无心肝乃尔！"坐是予及侄辈动辄得咎，噤不敢声，几如待决之囚，静待命运而已。

六月六日旁午，予家遣人来寺，密报先大姊就义之耗。予侪童騃，初犹未谂，既而睹予兄及嫂氏之吞声饮泣，乃知已罹奇祸。于是兄哭，予及侄辈亦哭。又虑声闻于外，不敢号咷，但有呜咽。

顾已为住持所闻，亟遣徒来告："顷有客来寺随喜，察其行迹，疑是官中吏役，请稍留意。"兄闻之惧，亟强予等屏声静气以待。良久良久，始闻游客已去，喘息稍定。实则此寺为越郡大丛林之一，平时游客孔多，是日会逢其适，遂滋自扰。然住持僧终以寺近市廛，不能终秘，脱有变故，悔将奚及，乃别为介绍，迁避于平水镇之广孝寺。

在起程以前，予短衣窄袖，犹作学生装束。兄甚以为虑，为予假一土布短衫，长袖及膝，着之良不称体。俟黄昏人静，乃步行出寺，雇舟前往。同坐者除兄嫂及一佣妇外，幼侄尚在襁褓，不能离母，长、次两侄则以别往诸暨避难，故未偕行。漓渚距平水镇可七十里，一棹容与，舟行奇缓，乌篷不启，蒸郁异常。数日以来，予惊惧失?? 而蚊蚋扰人，俄即惊寤。少顷入睡，复如之。一宵之中，精神肉体，两受痛苦，为毕生所永不能忘。颠沛流离，一至于此，谁为为之？孰令致之？非贵福之所赐欤？

夏夜苦短。昧爽，至平水镇。舍舟而陆，又步行十余里。乃至广孝寺。住持僧雪莲，倜傥任侠，慰藉良厚。寺有上下两院，下院爽垲，布置亦稍整洁，雪莲自居之。惟渠以有眷属，且生平好客，座上常满，良非善地。既为逋客，则入山惟恐不深，入林惟恐不密，倘有人迹罕至之所，日与猿鹤共处，乃为得之。职是之由，则上院适符某选。两院相距才数百步，极为隐僻，中惟一龙钟老僧卓锡，盖即雪莲之阿阇梨也。此老僧者，自炊自食，既耄且聋，鲜与人交接，人亦遂淡忘之。予侪既至，辟室于东偏小楼，明窗净几，足慰日来奔波之苦。自先兄以次，人各茹素，食脱粟饭，以山中苦笋佐餐，间或层以腌蔬，论其甘美，不异粱肉。播迁之际，随遇而安，有此享受，已为乐土矣。

且住为佳，惊魂稍定，人亦劳止，汔可小康。逝者已矣，惟一念及余家近状，则为之杌陧不安，又苦无从刺探。数日后，来一寄书邮，其人为城东某庵带发修行之女尼，法号德圃，年事已高，腰脚弥健，自平水镇徒步入山。既至，吾侪如聆空谷足音，更不暇作他语，亟询消息何似。乃知贵福自围搜大通学堂后，犹复包藏祸心，疑军火别有藏匿之所，檄委山阴县知县李钟岳来予家查抄。番役密布，户阀为满，前后逻守，毋许出入。此辈倚势横行，视为利薮，眈眈欲逐，乘机乾没。赖李令贤明，躬亲弹压，每至一室，督同搜检，翻箱倒箧之际，仍守秩序，故无丝毫损失。时吾家守宅者，胥为女流，惊惧失措，疑为籍没。李令睹状恻然，屡以温语慰藉。约炊许顷，迄无违禁证物发见，遂徒而去。或疑吾家门首,将有发封之条。遣人密觇,则亦无有。于是家人咸颂李贤明,感叹勿置。予兄闻之,稍以为慰。惟贵福则因先姊系山阴县狱时,李令不能刑迫,抄查军火,又劳而无功,憾其沽恩市义,将假他事严劾,以泄其忿。一方拟别遣酷吏来予家,再度搜检,必获证物乃已。卒以人言藉藉,慑而中止。李令目睹贵福之横暴,欲平反此狱,虑非其敌,居恒郁郁,积不能平。未几,忽投环自尽,以谢邑人。居官清廉,几至不能归榇。噩耗既传,闻者太息。今西湖秋社,为设栗主附祀,崇功报德,俎豆馨香,灵爽炯媪,庶几来格乎!

于此有一事,今日思之,犹不幸中之大幸。倘使当时发觉,则李令亦未能左袒,而予家毁矣。其事惟何?盖当李令搜查时,他室遍至,虽佣仆所居,亦难幸免,而西南隅之一角小楼,夙为先姊之卧室者,则以地僻,独未莅临,此中殆有天焉。姊平日有倭刀一柄、孛朗宁手枪一支,晚间置枕畔,昼则随身佩带,不须臾离,亦从未异置于家,自无大碍。尚有莲蓬式九响手枪二杆、子弹百发,藏于姊室衣橱内。又日文书籍,及留东时所寄家书,均杂贮一藤箧,搁置后圃垂圯楼上。侥天之幸,均未败露。非然者,瓜蔓之抄,贵福亦当振振有词耳。

凡稍谙清代掌故者，于康、雍、乾三朝之文字狱，类多谈虎色变。盖明代遗民，眷怀救国，心伤左衽，既无力光复神州，其愤懑不平之气，一以托之著作。不幸事发，则严刑峻法，处以重典，牵累子侄，无或幸免。甚至文人学子，偶然吟咏，失于检点，触犯忌讳，往往为人捃摭以闻，动膺惨戮。此种先例，指不能缕。

嘉道以还，士子深中科举之毒，无人敢蹈禁网，文字之狱渐罕。降及光，宣之交，孙总理组织同盟会于东京，公然排满，不稍隐饰。其初清廷颇思绳厥祖武，穷治反侧，既而默察大局，知非压制所能奏功，则又翻然改图，力示宽大。自预备立宪之诏下，狐埋狐搰，益不能不有所顾忌。故徐烈士皖江发难之役，张之洞、袁世凯等，皆尝力主严办，科以极刑，并夷九族，以为惩儆。独肃亲王善耆力争不可，庆亲王奕劻、醇亲王载沣、贝子载振和之。徐之亲族，遂得从宽免议。以此因缘，张曾扬与贵福于大通一案，纵有株连之心，而环境万难允许。虎头蛇尾，但能不了了之。脱令兹事发生于数十年前清宝鼎盛时期，则吾族宁有噍类乎！　　予家搜查，既无实据，方谓事态可渐缓和，讵杯蛇市虎，谣诼孔多，盛传官中将二次光顾。明知里巷谰言，未可据以为信，要不能不预筹防范。于是将莲蓬式手枪埋于后圃，掘一深坑，覆之以土，上植蔬菜，略无痕迹，其余书籍函札，则夤夜焚毁，数宵乃毕。先姊手泽，遂悉付祖龙一炬，绝少留存。予尝于书笥寻检殆遍，惟留东时寄壬林大侄之函，硕果仅存，然原书二纸，只得其半。最可惜者，姊所撰《精卫石》弹词手稿四本，初意在《中国女报》逐期刊布，以女报出版两期，费绌停顿，搁置勿用，原稿第三本遂亦误历此劫，余幸完好无缺，是或灵爽式凭，乃得侥免。予近发一宏愿，拟将发焚之稿，别为撰补，俾或完璧，异日付之欹劂，即以真迹上石，庶广流传。续貂之讥，所不敢辞矣。

七月望后，风声稍靖，次案似告段落，吾家当可无事。先兄渐作归计。予年幼，思家尤切，仍衣曩时所假之长袖短衫，遣一乡人，伴之先返，逾一来复，兄嫂乃归。俄长、次两侄亦来自诸暨。劫后团聚，相见悲苦，环顾座中，颇有遍插茱萸之感。略一念及，不自知涕所从来。戚友以予家初遭丧乱，避若蛇蝎，间有情谊素孚，无可诿卸者，偶然辱临，徒以不入耳之言来相慰藉，益令人笑涕俱非。亡何，秋季始业，会稽县学堂行将开课。予以次侄以避嫌故，均自动退学，在家温读，直至明年春季，始再报名入校，然已牺牲半岁学业矣。

尔时有一困难问题，耿耿于怀，不容恝置者，先大姊之灵榇是已。当六月初旬，吾兄弟颠沛造次，已为亡命之客，慑于淫威，不敢前往收尸，但由善掌草草成殓，藁葬于府山之麓。掩蔽无具，听其暴露，此则先兄引为大戚，而又责无旁贷者也。会贵官〔福〕去官。过去事已为社会人士所淡忘，先兄遂密雇夫役，移榇赏禧门外严家潭丙舍暂厝。明年戊申，桐城吴芝瑛、石门徐寄尘两女士，推故人之谊，为窀穸之谋，卜兆西泠，营建茔地。董其事者，为芝瑛女士之夫无锡廉惠卿先生。先兄至杭会葬，于灵榇过

和畅堂

断桥时及安窆后，各摄一影，留为纪念。墓成，芝瑛女士自书“呜呼鉴湖女侠秋瑾之墓”之碑，镌勒贞珉，立于墓门。寄尘女士撰墓志铭，亦由芝瑛女士书之，石印成册，分贻朋好。论者谓其事其文及书法，足称三绝，盖非过誉也。

崇阡卜吉，奉奠礼成，入土为安，永固魂魄，意谓可以无事矣。讵知轩然大波，转瞬复起。有满御史常徽者，忽奏请平墓，词连南中首事诸人，吴、徐两女士均未能免。两江总督端方，于惠卿伉俪，夙相推重。芝瑛女士知其人有金石之癖，赂以拓碑板数种，值价巨万，为外间所不经见。端方大悦，力任昭雪，而美国传教士麦美德女士，尤为奔走斡旋，幸未根治，惟平墓则事在必行。先从父青士公，方官黑龙江提法司，先兄以迫于境遇，往依之谋升斗。浙抚增韫，故与从父有旧，贻书龙江，促家族迅速迁葬。先兄不敢抗，间关万里，遄返浙中，仍移厝严家潭丙舍。

宣统元年，予家所赁城南旧庐，为原主所赎。同堂从兄弟行，遂有析居之议。先兄拟将眷属迁居漓渚，固两稔前旧游地也。料量家务讫，未候徙宅，先期北上，客于津沽。其年八月，湘潭王氏遣干役二人来越，重移先大姊灵榇返湘，与姊婿合葬。先兄未归，余侪年幼，乏人主持，家嫂于兹事初无成见。既王氏主合葬，则亦听之。惟以姊附之棺，材木窳劣，迢递数千里，不胜远道。乃别购巨棺一具，套于柩外，途中簸顿，当可无虞。筹备竣事，行有日矣，而津沽凶问忽至。初先兄自黑归越，迫于虏廷谕旨及浙抚乱命，跋涉长途，悲愤交集，家居半稔，邑邑寡欢。凡所蕴积，悉付吟咏。取放翁诗句，自署其稿曰：《风雨一宵恨满楼诗草》，命名之意，殆与“秋雨秋风愁煞人”之句，隐有关合也。及从兄弟析爨议定，复以家累，未许闲居。而先从父则以平墓之惧，方自辨白，雅不欲先兄复往，致滋物议。无已，改弦易辙，止于津门，效力河工，益自韬晦。卒以忧能伤人，夭其天年。初受暑为湿热之症，以客中起居饮食，百凡不便，忽又转痢，西医以药水治疗，不效，困顿床褥，寝至大渐。有同门僚壻鲍君，幕游昌黎，闻讯赴津，则以诸医束手，急电家嫂，力命大侄前往侍疾。倚装未发，而噩耗至，则已于八月二十六日捐馆，享年三十有七岁。伤哉，既丁女媭之丧，又抱鸰原之恸。觞豆言欢，虚期魂梦，幽明永隔，涕泗何穷。门衰祚薄，吾乌能肩兹重责乎？

招魂致祭，设座荐亡，孀妇孤儿，凄惶可想。大侄壬林，童年失怙，星速奔丧。次、三两侄，虽在髫龄，如雪麻衣，亦知哭父。斯时吾家卒遘变故，家运艰危，自顾不惶，奚暇他及。湘中所遗干役，在势不能不令其暂待，行期屡易。直至九月中旬，始克扶柩起程。辞灵祖奠，草草举行。追维两三年间，兄姊相继物故，在逝者一棺附身，万事俱已，而生者自念，情何以堪。李后主有云："此中日夕只以眼泪洗面"，亶基然乎！

邑人阿金、嵊人阿富，佚其姓氏，均大通学堂工役。阿金业舟子。畴昔先姊自堂返宅，间亦弃骑而舟，胥由阿金执役。自丁未之变，两人均乘间遁免，亦不知流离何所。宣统二年秋间，忽偕至予家候兴居，语及前事，于邑不胜。此辈细人，忠款乃尔，以视得鱼忘筌者，诚间矣。

辛亥八月武昌起义，浙省相继光复，缅怀死难诸先烈，愿捐顶踵，誓灭妖氛。或丧先轸之元，或埋苌宏之血。见危授命，视死如归，不有表彰、奚资矜式？于是浙省当道，徇地方士绅之请，有营建秋墓之议。派员往湘，专司其事。湘潭王氏，初以惊动先灵为辞，拒绝迁葬。浙中人士，则以先姊归正首丘，宜瘗故土，争之甚烈。几经平亭，卒得启穴归榇。仍就西泠桥畔旧址，筑茔安葬。三尺桐棺，迁徙频数，至是乃佳城永固焉。

湘人刘典，咸丰间以诸生从戎，随左宗棠转战皖赣有功，官至广东巡抚，卒谥果敏，建祠西湖。光复后，刘典过去历史，与革命旨趣不合，未便崇祀，没收入官。梅盐朱介人（瑞）为浙江都督，以刘祠适近秋墓，乃拨给秋社，改为鉴湖女侠祠。社长徐寄尘女士，擘画经营，规模粗具。当齐耀珊长浙时，刘氏子侄，夤缘北政府内务部，咨请省置〔署〕发还。惟以祠旁隙池，已建秋墓，视为刘氏捐助，仍从其旧。浙人闻之大哗。赖省议会诸议员提案力争，始得打消。孙传芳据浙，又一度归刘氏。直至民十六，国民革命军底定东南，复得收回。予客皖江十稔，居乡之日至罕，于此事底蕴。不甚了了，曾以询之徐女士，然女士当时适有粤东之行，据友人报告，方悉其事，亦无案可稽，爰就耳食所及，志之如此，详晰记载，俟诸异日。

西湖秋社甫经成立，而鉴湖秋社亦居然接踵而起。局外人观察，以谓越中为先姊桑梓之乡，又为成仁之地。神州光复，革命告成，邦人士追维先烈创业之艰，死事之烈，千秋禋祀，礼亦宜之。庸讵知内幕实为一滑稽剧，其作用迥非若是简单也。

先是，漓渚镇之宝寿禅寺，即吾侪丁未岁六月一度避难乏所（已见前文），寺产无多，而觊觎者大有人在。果焉民元之夏，有人假借佛教会名义，图谋兼并。事机不密，为住持僧增珐所闻，即惊且惧，丐镇中请檀护为助。有张某者，夙工心计，阴念此事非出奇制胜，决难瓦全。彼辈既挟佛教会名义而来，在法此间当以更大之名义拒之。以子之矛，攻子之盾，庶其有济。遂号召于众曰："昔秋女侠尝游宝寿禅寺，爱其景物萧旷、流连不忍遽去，雪泥鸿爪，大是有缘。设为人攘窃以去，非惟住持僧之责，抑亦护法之羞也。为今之计，宜于寺中附设鉴湖秋社，纪念先烈，即所以保存兹寺。一举两得，无逾于此。诸君以谓何如?"众拊掌称善，议遂定。实则先姊生前游踪，曾否至寺，既不能起九京而问之，亦只能任若辈假名以存已耳。

增法于兹事有利无害，自所乐从。乃由地方绅商，联名呈请官厅传案，仓卒筹备，瞬即就绪，于寺中左偏辟静室，正中设一神龛，位置栗主。先大兄徕绩、前任山阴县知县李钟岳、河南烈士程毅，均附祀焉。

夏六月六日。迎主入祠，巡行全市一周，一切仪仗，悉仿丧葬，突梯滑稽，直同儿戏。绍兴民团统带何悲夫(旦)率部一排、军队一队，前往参加。增法节瓶钵余资，备素肴款客，所费亦达百金。席间，悲夫质发起诸人曰："越郡创设秋社，不让西湖秋社专美于前，诚为当务之急。顾社址宜居城市，交通轻便，庶使四乡人士之来祠崇拜者，无跋涉之劳。曷为附设于此荒僻禅宇，致令游人裹足？事先又无宣传，不容他人妄参末议，草草成事，终嫌亵渎。不佞景仰先烈，虽明知之，亦复躬预其盛，不知诸公何以教我?"主其事者闻之，顾而言他，乱以他语，悲夫遂置之不问。然而寺借之计，则已售矣。

当越郡光复时，嵊县王季高，首先率部入城，易帜响应。事定，遂为绍兴军政分府都督。有邑人章某者，挟申韩术，曾居浙抚张曾扬幕府，微闻丁未大通之狱，实左右之，事无佐证，章固弗承也。季商既主越政，籍没其家。章机警，先期兔脱。季高因于入官之产，拨田二十亩，为先姊永久祀产，交由大侄负责保管，永久为例。未久，季高下野。越年而有二次革命，时局变迁，祀产幸尚无恙。民国四年，章某以袁世凯之力，获充财部秘书，权势炙手可热，旧产先后璧还，惟祀田颇难借口。值先从父青士公方任约法会议议员，侨居燕京，章乃浼乡人关说，愿为大侄谋一善地作交换。侄初不许，惟念彼居要津，势不能敌，国民党方为袁氏非法解散，党员星散，无可诉语，只能勉诺。章既踌躇满志，所谓交换条件，则已食言而肥。大侄本无意于此，第一笑置之而已。

栗主入祠典礼告成，寺门乃悬一铅质黑地白字之牌，大书“鉴湖秋社”。事果奇效，彼垂涎寺产者，已杜妄想。然赵孟所贵，赵孟能贱，原为人之恒情，比丘何知，胡能例外。彼其立社之初，无非借秋社之名，为保产之计。事过境迁，于清净佛地，设此不伦不类之秋社（僧人势利，固有此想，非笔者厚诬之也），已极痛心疾首。且增法为人，异常怪癖，于兴建水陆道场，在他寺借此沾润，求之不得者，而增法拒之唯恐不速，个性如此，则秋社之难持久，早在吾人意料之中。

翌岁六月六日，为先姊就义六周年纪念，鉴湖秋社诸社员已淡然忘之，不再举行祀典。顾名思义，立社之本旨云何，恐亦将哑然失笑。此后吾尝往寺诇察，所设神龛，蛛网密层，尘霾积封，已如荒废古刹，终岁不见人迹。寺门所悬秋社之牌，久为住持撤去。所谓鉴湖秋社，固已形存实亡。增法圆寂，继承衣钵者，为其再传弟子。恐无几时，此社将自然消灭，数方栗主，或将视为舆薪而拉杂摧烧之矣。可慨也夫。

民国元年，徐寄尘女士创设竞雄女学于上海白克路。竞雄为先姊之别字，以之名校，所以垂纪念而示不忘。费无所出，胥赖旧同志量力资助，王季高尤独斥巨金，以为之倡。辛苦经营，勉强成立。延聘教员，如叶楚伧、邵力子、胡朴庵、潘更生诸公，均一时胜流。开办未久，声誉雀起，孙总理且手书“勤敏朴诚”四字贻之，俾为校训。卒以基金未充，捉襟见肘，百凡规画，迄未实行。至民十六年，国民革命军抵定东南，女士以孱弱之身，病不能支，乃属吾女甥王灿芝主持其事。接办期年，添设高中、初中两部，更谋扩充为大学。会灿芝以先烈后裔，得中央政府补助，留学海外。民十七春，负笈美洲，付托无人，遂致停办，社会惜

纪念碑记

之。寄尘女士念创学之艰难，不忍苦心孤诣荡然澌灭，颇有志恢复。有纪侠中女士者，为先姊执教浔溪女学时入室弟子，与寄尘女士亦有师弟之谊。自毕业女体育专门学校后，服务社会，历任各女中教席，所至有声。因请出长此校，易名为私立竞雄女子小学，赁庑派克路牯岭路协和里三号为校址。念二年秋季，呈由上海市教育局令准成立，黉舍重开，弦诵不辍。微特纪念先姊，昭示来许，而树人树木，造就后进，亦有足多焉。

绍兴轩亭口为先姊成仁之所，地处闹市，过客喧阗，凭吊欷歔，不胜向往。数年前，邑人王子余先生，鸠集同志，列名发起，就原址改建风雨亭，立纪念碑，以资观感，醵金不足，请求政府补助，已观厥成。予久客武林，不恒返里，偶然假旋，又以所居僻左，末由瞻礼。然发起诸君子之盛意，则家属欣慰之余，所当顶礼感谢者也。

西湖秋墓之侧，亦建有风雨亭。阅时稍久，柱木渐为白蚁所攻，以致倾颓。秋社徐寄尘社长，曾发起重建，估计需费数千金。社款支绌，万无余力。因印发捐簿，分致社员，求助将伯。瞬逾两稔，应者寥寥。窃谓此非私人之事，亦非少数社员之事。在公家，纪念先烈，责无旁贷，区区之亭，所费几何，纵度支窘急，筹建犹非甚艰，曷为让善勿居，视同秦越乎？

叙述至此，忽忆尚有数事，为前文所未及，因补志之。先君好饮，予兄弟姊妹四人，秉此遗传，留恋良酝。忆丙午之冬，岁已云暮，大雪竟日，积之盈尺，室内呵气成冰，冷不可耐。姊温酒消寒，独酌无偶，瞥睹予及二侄午桥在侧，因笑谓曰："尔侪能饮呼？"曰："可。"姊戏取案上二巨盏，各容酒半斤许，引满之，命予等作鲸饮。一吸而尽，姊莞尔曰："犹有余勇可贾否？"予年少好胜，强应之，复浮一大白，幸无醉态，而午桥则玉山颓矣。后此每举以为谐谑之资云。

先姊赋性质直，胸无宿物，眉宇间含英气，双瞳尤奕奕有神，待人接物，必信必忠，生平不尚狙诈，亦不乐人谄谀。予幼时与侄辈嬉，间作妄语，辄遭呵斥，以故綦畏惮之。犹忆河南程烈士毅，某日来予家，不知是何过失，为姊所责，严词诋诃，不留余地。烈士惟唯唯引咎，不敢辨白。及午餐后，携予手游于户外，谑浪笑敖，犹有童心。前事俄已忘却，固由烈士天性纯挚为不可及，抑亦先姊胸襟坦白，所以感人者深也。予于烈士最为谂熟，尝见其着黄色斜纹军服，镀金之纽，熠熠生光，剪发蓄八字髭，肤色黄黑，身材中等，声容笑貌，宛在目前。丁未之变，亦连带被逮，以无佐证，狱久不决。先姊就义，烈士幽禁囹圄，闻耗较晚，惊起跳踉，若中狂痫，不食不饮，卒致瘐毙。今西湖秋社奉其栗主附祀。社会鲜知其人，因纪其崖略如此。

贵福知绍兴府。山阴县知县李钟岳既以忤旨被迫自尽，而会稽县知县李瑞年则于大通之狱实终始之，能得贵欢。李，福建建瓯人，在沈金鉴长浙时，檄委为萧山县知事，沈剑侯先生（定一）通电反对，指为秋案祸首，未克履新，调任富阳。洎革命军底定东南，曾一度归籍。未久，复还寓武林，闻官橐充牣，已于杭市置产，作终老是乡计。此君于清室为忠臣，于民国为能吏，浮沉随俗，出处何常，诚识时务之俊杰矣。

秋宗章曰：予撰《六六私乘》，累二万言。叙述冗琐，无当宏旨，是亦不可以已乎。虽然，予窃有说焉。先大姊幼育世禄之家，长适素封之婿，席丰履厚，夫复何求？恒情方歆羡之不暇，而身处其境者，必欲敝屣尊荣，牺牲生命，躬任险阻艰难之革命工作，抑又何欤？推厥用心，良由国势阽危，祸至无日，微彻底改革，不足以图存。佛云："我不入地狱，谁入地狱？"充斯念也，勇往直前，百折不挠，宜其九死而〔疑脱"无"字〕悔矣。彼张曾扬、贵福之徒，桀犬吠尧，势难两立，积憾所至，必诛锄而后快，赤固其所。所可异者，汉族苗裔，轩辕华胄，既乏应守之土，亦无可酬之庸，自命清流，实同祷杌，助纣为虐，阴谋中伤，何嫌何仇，而忍出此。人心险巇，世道沦丧，今日固无真是非可言，异时史官秉笔直书，将以公等为何如人乎？陆放翁诗云："吾曹自欲期千载，世论何曾待百年。"是则吾于握管记载之余，良为公等烦虑者也。

复次，胜清季世，胡焰未衰。革命诸烈士，或丧先轸之元，或埋苌弘之血，前仆后继，视死如归，义概雄心，古今罕觏。辛亥起义，有志竟成，曾不崇朝，故土光复。后人追维前烈，崇德报功，铭彼旆常，勒斯钟鼎，巍峨铜像，永壮山河，允宜一体褒扬，无分轩轾。然返顾先姊则何如者，一抔黄土，禋祀犹虚，祠宇凄凉，垣墉不整。公家付诸弗闻，社会亦复淡忘。前曾有人建议，范铜铸像，借资景仰，而言者谆谆，听者藐藐，亦只等诸画饼。以彼立例此，抑扬立判。岂炎凉世态，犹欲施诸长眠之人乎？抑以吾侪人微言轻，未由见重于当道，乃至累及逝者，没没无闻呼？呜呼，先姊往矣。综其一生，自有光荣历史，照耀寰区，永远不可磨灭，身后枯荣，无损毫末。第劝忠褒烈，国有常经，倘于此而不加之意，则表彰先烈之谓何？此又吾撰《六六私乘》之微意也欤。

（作于民国二十三年秋瑾成仁二十七周年，刊于1934年6-7月《东南时报》副刊“吴越春秋”第32-75期）

附录一：为《六六私乘》续貂

冯元芝

秋烈介弟宗章先生，一再在其《六六私乘》阐述女侠毕生事迹，同时俊彦，亦得因此而彰其名焉。因忆民廿在鄂，有人以残缺诗稿寄余，稿末仅著“存甫”二字，书法苍劲，有如其诗。综览所作，多咏同盟会时期流亡事，惜未示其姓名里居，访之不得，如有重负。渠有《西泠怀秋》三绝，似与秋烈曾共患难。伊何人斯？录询秋君，乞有以教之。原诗：

一

几个人还忆旧盟，延陵挂剑感高情；预知此后西泠水，流到桥边激不平。

二

咸惜斯人流血死,故乡幸有好河山;孤坟他日邻君右,明月松楸共往还。

三

文字网罗我亦亲,三年曾寄狱中身;徒存皮骨归空相,惭愧而今后死人。

附录二:《六六私乘》校勘附记

秋仲英

祖姑母秋瑾是我国近代一位著名的女革命家。在辛亥革命前四年,不幸以身殉国。秋瑾不朽的革命英雄形象,至今仍是光照人间,受到祖国人民的崇敬。今年是辛亥革命七十周年,对于这样一位杰出的时代觉醒的前驱人物,已经引起了越来越多的社会科学工作者们和广大读者群众的研究兴趣。最近,我校勘《六六私乘》完毕,追念烈士光辉的一生,为了传信后世,觉得有很多的话想说。这里特别是对当前分歧最大的秋瑾生年问题，不能不就我所知，谈一些我个人的看法，以供研究秋瑾的同志参考。

秋瑾出生距今仅仅一百多年。而她究竟生于何年？目前竟是众说纷纭，莫衷一是。归纳当前的几种说法，除了“属虎”说外，共有三说：一说生于 1875 年；再说生于 1877 年；又一说生于 1879 年。三种说法，几乎都是言之凿凿，有据可循。但实际上，除第三说“秋瑾 1879 年生于福建云霄”之说，是秋瑾的胞妹秋珵，误为秋瑾，属明显的以讹传讹之外，第一、二两说，实则是虚龄与实龄之别，并无多大悖谬。但持第二说“秋瑾生于 1877 年”的同志，却另有一种设想，以为光绪丁未（1907）年，秋瑾殉难的时候，秋弟宗章年仅十二岁。他在相隔了二十七年之后，撰写了这部洋洋二万余言的《六六私乘》，这就不能不使人怀疑：当年的秋宗章，还是处在“稚气未除，少不更事”的童年时代，而秋瑾则早在他未出生之前，已经远嫁在湖南；秋瑾殉难时，其父、祖两代，在秋瑾生前，早已全部亡故，我祖父即秋瑾的长兄秋誉章，也于 1909 年病故在天津；在秋家已无人能详知秋瑾生平的情况下，怎会有可能写出这样准确、详尽的回忆文章来呢？也正是基于这样的猜测，因此有人认定："《六六私乘》当中，绝大部份材料，不是本人亲知，而是得自向别人的探听和有关的文字资料，所以，《六六私乘》所述，也不能视作是权威之说。"对此，我想提供一些具体情况，以与持第二说的同志商榷。

我叔祖父秋宗章撰写《六六私乘》的时候，我祖母张顺姑和秋瑾的庶母孙氏（秋宗章生母），都还健在。那时候，秋宗章本人在杭州浙江省财政厅任第一科科员，他常以"黄华"的笔名，在《东南日报》的《沙发》、《吴越春秋》副刊和《越风》、《人间世》等杂志上面，发表一些历史掌故文章，是杭州市"作协"会员。其时，我们与叔祖父的家眷，在绍兴偏门外峡山村，合住在一个台门之内。我清楚记得，叔祖父撰写《六六私乘》时，写作态度是非常谨严的。他常常为着弄清一个人名、地名，或为了解一件事的来龙去脉，就从杭州赶回到家里来，一边查阅文字资料，一边与我祖母等人反复回忆核对。他们几个人围坐在我家前廊下一张小方桌前，侃侃而谈，往往是到了开饭的时候，他们还谈得十分有劲，而不得不延迟开饭的时间。这是我亲眼目睹的事实，因为那时我已有十七岁，正在上中学。其实，我叔祖父所以能够放胆接受国民党中常会的委托，撰写《六六私乘》，正是因为我秋家有人能详知秋瑾的生平，而且她生前的遗件尚多，查考资料来源又相当充裕，处处感到有把握才接受下来的。例如《六六私乘》发表之后，当时就有人对秋瑾就义的日子，提出质疑，认为“就义之日，实为初五”。连邹鲁《中国国民党史稿》、黄鸿寿《清史纪事本末》也都指的是初五。当时对邹、黄两人的记载，都具有一定的代表性，不能不被看作是权威之说。但我叔祖父认为：“为传信后世计，是乌可以不辨？”[①]著文力斥谬误，坚持自己的说法：“秋瑾就义的日期，应为清光绪三十三年（丁未）六月初六日。”文章除另有一些考证之外，唯一理由就是：“家嫂健在，坚谓无误。”[②]可见我祖母对他的帮助和支持是不小的。此外，关于秋瑾的婚年及归宁日期，他也征询过我祖母，一一著文考证。

我祖母张顺姑和秋瑾是嫡亲的姑嫂关系，而且因为互识诗文，这位嫂嫂一向很得秋瑾的尊重。秋瑾东渡日本留学的时候，学费难筹，曾得我祖母的竭力援助。我祖母曾经去过湖南，在很长的一段时间里，她侍奉翁姑，彬彬有礼，深得堂上的宠爱与器重。在姑嫂之间相处，感情上也十分融洽。从曾祖母单氏夫人

① 均见《六六私乘补遗》。

② 均见《六六私乘补遗》。

去世以后，她就一直是我家的当家人。秋瑾从日本归国，后期奔走革命，无论是经济上或精神上，都得到我祖母的热情支持和帮助。可以想见，凭这样一种亲密无间、情逾骨肉的亲属关系，我祖母对秋瑾的生平，特别是关于她的生年、婚年，非但不会不了解，相反只会比别人了解得更详细一些、透彻一些。《六六私乘》与其说是秋宗章写的回忆录，还不如说是相当部分全出于我祖母的口述，由他笔录，来得更确切一些。所以，它是取材于第一手资料，这同“得自向别人的探听和一些有关的文字资料”情况是有根本的区别的。当然，也应当坦率承认，《六六私乘》当中，记写秋瑾有些革命活动的经过情节，因非是我祖母亲身参加过的，情况不明，叔祖父在撰写时，不能不取之于其他有关的文字资料，它转手从别处得来，在时间概念上或具体细节问题上，难免会出现一些明显的错误，这也是不可否认的。但对于一些最基本的情况，诸如对秋瑾生年、婚年一类的重要纪年，这是应当确信不疑的。

《六六私乘》是一部很有史料价值的珍贵资料，它经受了多年禁锢和长时期的被人冷落，现在发掘出来并经过校勘，得到出版部门的支持，重新与广大读者见面，这无疑是一件令人鼓舞的好事。遗憾的是我家多年珍藏的烈士生前遗件和秋氏家族世系表等,在十年浩劫时,一再遭到抄家,被毁殆尽。但我相信,通过更多人的分析、探索和争鸣,对秋瑾的准确生年等,必将会迅速作出实事求是的定论。

《六六私乘补遗》

秋宗章

民国二十三年六月六日，为先大姐瑾成仁之二十七周年纪念日。余既和泪濡墨，草成《六六私乘》，得二万言，以资追悼，已揭载本报“吴越春秋”矣。属者影事前尘，心头历历，前文仓促，挂漏滋多，不著于篇，乌抒吾恫。用赓前例，续为铨次，作《六六私乘补遗》，仍付本刊。时则第二十八周年之六月六日也，呜呼。

先大父昆季凡五。三伯祖鹄卿公，官江苏奉贤县知县，殁后无子。三伯祖母茕独无依，请于先大父，命先二叔赓山公为嗣，由是煦妪有加，爱如己出。一日伏暑，市瓜果陈列几案，已不忍食，将留以俟嗣子。吾姊偕伯兄侍侧，童牙何知，馋涎欲滴，既不敢请，三伯祖母亦视若无睹。俄为先妣单太淑人所觑，潜自僻隅以手招之归室，痛？无算。少顷，仍赐饼饵分啖之。自此兄弟辈相戒不敢复尔。吾垂髫时，先大姊偶举前事以告，且诏之曰："兹虽细故，亦可以见吾母督教之严也。"

先大父宦闽，先君亦以知县保升直隶州知府，将入都引见，而资斧无出，请于先大父，得钱百千。京闽相隔数千里，无论长安居大不易，即膏沐之费，亦虞不给。先君忧形于色，单太淑人又无能为役，几效牛衣对泣。对此先君引见竣事，以贫不能具厚贿，一任部胥操纵。既乃签分湖南，此乃有奥援者所唾弃，而先君转以无所求而得之。纵非善地，要以较胜于滇黔等边省矣。到省未久，奉缴莞榷常德，量移湘潭，遂与王氏缔姻焉。

先大姊素旷达，不信命运。然尝述先君仕途中有二事，一若冥冥之中，自有主宰，则亦不能不诿之于数矣。初，先君居福建提督孙军门幕，以劳绩保知县，分发台湾。时台抚为合肥刘省三（铭传），拟檄委先君署台北某县，事已内定，忽为某有力者捷足所得，先君闻之，不无懊丧。甫逾二月，生番兹（滋）事，台北骚动，署县事者为乱民所戕，先君转得幸免。忆吾家先二伯祖雁臣公，官台湾淡水县知县，亦因番变，攻剿阵亡，躯体受践踏，几成肉糜。数月后事定，白骨遍原野。庶伯祖母林太孺人怀抱遗孤，往寻骸骨，苦难辨认，以旧法滴血试之，始获棺殓还葬。事闻，赠如例，袭云骑尉世职（事详林琴南《畏庐笔记》）。先君之不步雁臣公后尘者几希。此一事也。

洎先君以直刺分湘，历莞厘局，考绩报最，获补郴州直隶知州，甫欲履新，而先大父露轩公弃世，返里奔丧。数月后，复至湘，值甲午中日战起，湘抚吴大澂自告奋勇，率部请缨，幕府延揽，胥为一时英俊。或有为先君作曹邱者，大澂拘忌，颇以墨绖为嫌，巽言谢绝。及山海关丧师，奉旨夺职，同行诸人，狼狈遁散，资装尽失。先君服阕起复，复署桂阳州事。转类塞翁失马，因而得福。此又一事也。先君一生作吏，雅不欲奔竞，虽无殊遇，亦鲜颠踬，足为处世之法，故先大姊每举以诏弟侄云。

光绪辛丑十月，先君见背。癸卯五月，全眷南归。姊婿王德钧（字子芳）亦以赀郎官户部，偕姊北上，侨眷京师始识同官廉惠卿之夫人吴芝英女士。明年，姊东渡留学，诸女友置酒陶然亭祖帐，即席谱《临江仙》一阕，系以小引云：“陶萩子夫人邀集陶然亭话别，紫英盟姊作擘窠书一联，以志别绪。驹隙光阴，聚无一载，风流云散，天各一方，不禁黯然，于焉有感。时余游日留学，紫英又欲南归。”词云：“把酒论文欢正好，同心况有同情。阳关一曲暗飞声，离愁随马走，别恨绕江城。铁画银钩两行字，歧言无限丁宁。相逢异日可能凭？河梁携手处，千里暮云横。”此词外间流传甚少，因移录之，以实《私乘》。

光绪乙巳夏，孙中山先生赴日本东京组同盟会，先大姐被推为浙江分会长。江浙志士之入会者，半为姐所介绍。会务日益扩张，别与陈撷芬女士组“实行共爱会”，己为之长。要国内女友之欲渡东瀛者，愿任照拂之责。又以革命工作，微文字宣传不为功，与同志创办《白话报》，鼓吹排满，略无顾忌。种族革命之声浪，遂甚嚣尘上矣。

无何，日本文部省应驻使杨枢之请，颁布留学取缔规则。吾国留东学生，一致反对，苦语危言，呼号奔走，曾不足挽回万一。于是纷纷退学回国，陈天华且投海自杀。然黠者佯为附和，阴怀二志。

即如近时名流某君，其初亦为倡议最激之人，后此食言而肥，仍肄业某大学如故。首鼠两端，时论鄙之。当是时先大姊持之甚力，义无他顾，立即襆被离东。金华王孚川先生（廷扬），适于是岁率两级师范学生至日，与先大姊曾有一面之雅，亲见其事，为予言之。

先姊于归国前贻书某君云：“吾与君志相若也，而今则君与予异。何始同而终相背乎？虽然，其异也，适其所以同也。盖君之志，则在于忍辱以成其学，而吾则义不受辱，以贻我祖国之羞。然诸君诚能忍辱以成其学者，则辱也甚暂，而不辱其常矣。吾素负气，不能如君等所为，然吾甚望诸君之无忘国耻也。吾归国后，亦当尽力筹划，以期光复旧物，与君相见于中原。成败虽未可知，然苟留此未死之余生，则吾志不敢一日息也。吾自庚子以来，已置吾生命于不顾，即不获成功而死，亦吾所不悔也。且光复之事，不可一日缓，而男子之死于谋光复者，则自唐才常以后，若沈荩、史坚如、吴樾诸君子，不乏其人，而女子则无闻焉，亦吾女界之羞也。愿与诸君交勉之。"姊之志趣，可见一斑。

绍兴大通体育师范学堂，为先大姊及徐伯荪先生所创办。既乏固定资金，又鲜补助经费，左支右绌，竭蹶时虞。伯荪先生去皖，先大姊独肩重担，以一手一足之烈，设法张罗，孤诣苦心，非言可喻。惟内部团结甚坚，教职员类皆光复会同志，坚忍卓绝，共维危局。月支极少数之生活费，间或一钱莫名，略无酬报，亦数见不鲜之事。伯兄徕绩，曾在大通执教鞭，知之甚悉，尝举以告人，非誓言也。迨光复军组织成立，筹饷购械，益难为继。先大姊个人，固已悉索敝赋，不足，则益以典质借贷。无论新雨旧雨，凡处境稍裕，可呼将伯者，罔有佚漏。久而久之，仍达山穷水尽之境。纵诸人愿与环境奋斗，而枵腹从公，几有陈蔡之厄。先大姊目击心伤，深以为虑，谋之同志，急不择术，与竺酌先（绍康）等数人，率校役阿金、阿富，耑赴湘潭。诸人俱假商舶为逆旅，姊则孑身至王宅。时子芳宧京未返，君舅健在。初以为怪，继念弱女子穷途来归，亦属事理之常，转慰劳备至，冀圆破镜。谈次，悉姊近状，即畀数千金，俾偿宿逋。姊受之，将伺机兔脱，而王氏监视甚严，行止末由自主。数日后，左邻某兰若演剧，姊欣然命驾，要娣姒往观。剧半，佯入静室更衣，乘间出走，与诸同志会合，立启椗扬帆而去。及王氏觉察，追已弗及矣。此事微嫌机智，当非姊所愿为，以革命故，则亦罔恤。矧楚得楚弓，财非不义，虽行权，庸何伤乎？

石门徐寄尘女士，与先大姊在浔溪女学有共事之雅，情如骨肉。姊既为光复军饷事奔走，日不暇给，女士闻之，亦有指囷之谊，此《返钏记》之所由作也。文曰："丁未夏至，予方居父忧，在浔溪亲舍。忽璇卿自杭州来，云：'将返越举义矣，顾饷绌，将奈何？'予虽心以为危，然义不能阻其行，乃悉倾箧中物纳之，曰：'持以赠卿，可乎？'君韈然曰：'感姊厚贻，何以为报？'遽脱双翠钏示予曰：‘事之成败未可知，此区区物畀阿姊纪念何如？’予为之悚然，顾弗得却，因相与涕泣，以埋骨西泠旧约相属而别。迨今思之，恍若前日，而璇卿殉国，倏已二十周年矣。悲夫。戊申以还，予既屡为营墓，建祠湖上，又与秋社同志，创设竞雄女校于沪，以资纪念，黾勉劬瘁，凡十六年。而璇卿之女公子灿芝，学日有成，英英露爽，不啻秋侠当年，爰悉以女校事务相诿，并举钏而授之曰：‘此汝母物，亦汝王氏聘礼中物也。而予为之外府，日月已迈，今老且病，不完璧归赵，将欲奚为？子其宝之，见钏犹见汝母也。’灿芝曰：‘诺。’因书以为《返钏记》。中华民国十六年丁卯季夏。祟德徐自华忏慧书。”女士谓此钏为聘礼中物，略误。予尝询诸尊长，王氏纳采，实为金条脱一双。嫁后，王氏所营质肆，受典玉钏，逾期弗赎。姊见而爱之，即属主者留中。钏色青葱，俗称老玉，极类翡翠，琢双龙抢珠，厥状栩栩欲活。惟钏之周径过宽，非肥环不能御。姊藏之久，亦不甚宝爱。不图二十年中，转辗授受，显晦靡常，留此一段故实，此岂钏之幸欤？

予家旧住和畅堂，为明大学士朱公别业。僻处城南，人迹罕至。西首客厅，与内室隔绝。故光复会同志，在吾家集会之日为多，客来以骑，门前系马尝〔疑为“常”字〕满。邻里见惯司空，恬不为怪，自辰迄酉，往来蹀躞，亦不谂所为何事。佣人阿六，佚其姓名，手有骈指，遂以阿六呼之，年事可五十许，虽为乡曲，而性极狡黠。客至，令任奔走之役，诸凡进茗瀹酒，胥为渠职。室中诸人，睹见阿六，则切切私语者，立效金人之缄，不能聆只言片语。间有数客，振笔疾书，亦亟亟掩纸几案，惧为所窥。一日，又见诸客各拈纸阄，阿六好奇，欲穷究竟，先姊怒之以目，挥手令去，屏诸户外。凡兹种种，阿六固不能无疑，出以语人，以事不干己，亦漫置之。后此事泄，始悟区区斗室中，事态严重，乃非想象所及也。

《六六私乘》，纪光复军内部组织，语焉非详。谨按先大姊所拟《革命军制论》云："芸芸众生，孰不爱生？爱生之极，进而爱群。盖种族之不保，则个人随亡。此固大义瞭然，毋庸多赘者也。然试叩我同胞以今为何时，则莫不曰：'种族存亡之枢纽也。'再进而叩以'何以可以免此存亡'之问题，则又瞠然莫对，否即以政治改革为极端之进化矣。嗟夫，欧风美雨，咄咄逼人，推原祸始，是谁之咎？虽灭满奴之族，亦不足以蔽其辜矣。

"夫汉族沉沦，二百有余年。婢膝奴颜，胁肩他人之宇下。有土地而自不知守，有财赋而自不知用，戴丑夷以为主而自奴之。彼固傥来之物,初何爱于我辈。所何堪者,我父老子弟耳。生于斯,居于斯,聚族而安处,一旦者瓜分实见,彼即退处藩服之列,固犹胜始起游牧之族,奈何我父老子弟,乃听之而不问也。年来防家贼之计算,着着进步,美其词曰‘立宪’,而杀戮之报,不绝于书;大其题曰‘集权’,而汉人失势,满族枭张。呜呼,人非木石,孰不爱生而爱群?逼于不获已,则只能守一族之利益矣。彼既弃我种族,置之不问之列,则返报之道,亦所当为。奈何我父老子弟见之不早也。某等菲薄,不敢自居先知,然而当仁不让,固亦尝以此自励。今时势阽危,实确见其有不容已者,为是大举报复,先以雪我二百余年汉族奴隶之耻,后以启我二兆方里天府之新(帝)国。宗旨务光明,而不涉于暧昧;行事务单简,而不蹈于琐细。幸叨黄帝祖宗之灵,得以光复旧(物),与众更始。所有遣派之兵马,晓谕如左,是我汉族,自当共表同情也。”

又,“军制军规”云:

“北路总元帅统辖各部,北路第一师团司令长、第二师团司令长、第三师团司令长。

“中路总元帅统辖各部,中路第四师团司令长、第五师团司令长、第六师团司令长。

“南路总元帅统辖各部，南路第七师团司令长、第八师团司令长，第九师团司令长。

“军职等级，分八军，用‘光复汉族，大振国权’八字以编制之：统带光字军大将、统带光字军副将；行军参谋、行军副参谋；光字中军、光字左军、光字右军，光字中佐、光字左佐、光字右佐，光字中尉、光字左尉、光字右尉。复字同上。汉字同上。族字同上。大字同上。振字同上。国字同上。权字同上。服制：衣短衫，对襟，黑色；包头布，白色。兵士（白月中大书光字，余类此）。肩章（白月中书左右中字样，并书号码）。自大将以至佐尉等，皆用胸带（如西洋悬挂宝星之斜胸带），以颜色分别等差，黄色为首、白次之、红又次之、浅蓝又次之。旗：用白色，中大书黑色汉字。顺旗：小三角形，内书‘复汉’二字，黄地黑字，并盖图印。钤记：长方形，暂用木。令：用竹牌，计八支，面书‘光复’等八字之合同（两支合写），一支由统带执守，一支由本营执守，以证传令者之真伪。文书：用暗码（紧要事）照电码加五十号，以防泄漏。”

此稿丁未岁为满奴贵福所得，存绍兴府档案。光复后，石门徐寄尘女士至绍兴，为先大姊开会追悼，原任知府程赞清，适已反正，被推为民政长，始得检出携归，藏诸秋社。爰移录于此，入吾私乘。

和畅堂东隅，有小楼一角，梯下光线黝黑，霉气中人。姊之秘密文件，胥藏于是，《私乘》中有记述。当皖江事败，噩耗传来，适为五月杪之某日。犹忆是日上午，予正召栉工理发，蓦睹先姊冒雨归来，匆匆入室。

时浔溪女学学生吴惠秋犹寓予家。两人耳语良久，为状甚促，予犹童騃，不以为意。数岁后，先姊墓有宿草矣，偶与家人话前事，始知是日先姊与惠秋扃户，将梯下文件，悉付一炬，焦气触鼻，人不敢问，姊亦不欲言也。及六月六日昧爽，姊已被难，辰刻，山阴县令李公宗岳，即率隶役来予家搜查，独遗此室未入。斯固由李公识政体，不欲兴大狱，而重要证件，既已泯没，原亦无虑意外。所不解者，“军制军规”何由入贵福手？岂百密一疏，事前犹有遗算乎？以姊之明，曷致若是？因忆尔时越中颇有一种传说，谓贵福之于大通，初未经意，迨皖江事变，凡属伪官，人人自危，徐伯荪烈士为大通创办人，贵福不能无疑，以事无佐证，迟迟未发。会府狱羁囚中，有大盗某，夙擅武技，寻丈垣墉，跳跃如平地，既获案，爰书已定，刑有日矣。贵福忽夤夜召入密室，去其镣铐，温言慰藉，许以不死，命至大通侦动静。盗诺，孑身前往，稍显身手，跃登屋脊，去瓦下窥，如是者数夕，果胠箧得秘密文件，还献贵福，遂有六月六日之变，意即存档之光复军“军制军规”也。是事得诸传闻，未敢据以为信，惟言者凿凿，即吾家人亦类能道之，因述其梗概，以广异闻云。

叶子布先生（颂清）于丁未五月，率敢死队潜入杭垣，原拟俟皖江得手，乘机响应，事泄未果。盖亦光复会之老同志也。

吴江陈佩忍先生（去病）为先姊作传，系以论曰：“自徐君殉皖之耗闻，余即为歌诗吊之。及君耗失〔疑为“适”字〕至，余又欲为追悼，以或人所阻而止。明春戊申适越，过杭州，会徐夫人方为君营墓湖上，余因倡为秋社，以相结合，一时与会诸子，咸赞同焉。及诣越过轩亭，始为文申吊，见闻之者，多惊骇相属，以为悖谬。余用是知君之屈杀，益信而有征也。不知汉胡深仇，繄匪朝多〔疑为“夕”字〕，百年图报，已觉其恕。而瑾生会稽，聆猿剑之风，励薪胆之志，其于革命，不亦宜乎！顾瑾卒死者，非以其锋芒有未敛欤？然而瑾且传矣，则夫人之欲为善者，亦奚事而不自壮也哉？”

子布先生读之，别为书后云：“余读陈去病《鉴湖女侠秋瑾传》，喟然曰：先烈志事之不彰，后死者之责也。余从先烈后，得躬与其事，至今回顾同侪，下世者大半，余亦垂垂老矣，若再迁延，遗老尽矣，此余之不能无言也。初，先烈自留学日本归国，组光复会，为同盟会之支流，期得秘密而利进行。清及朱瑞、俞炜、周凤岐、葛敬恩、许耀、虞廷、夏超、叶焕章、顾乃斌、韩绍基、徐士镳、傅孟、邵杰、吴冠周、周亚卫、黄凤之、陈国桢、陈纯、谢鼎，首先入会，以光复旧物、组成新邦为职志。又虑事宜合群，乃与赵声、陈其美、赵正平、黄郛等，遥通消息，为同盟会相结合之邮。浙江即以光复会名义，军界由朱瑞辈，会党由竺绍康辈，学界由蒋鹿山辈，分途纠合，以期大举。时有会议，群聚于紫阳山巅、将台山巅，西湖湖中又以为常，慷慨激昂，天下不足定也。

"丙午冬腊，校中例有饮酒高。有海量者，乃杭旗闻人贵林之子。其入学也，阴以为监。清借中酒为名，作'苍山亦解沦夷恨，缟素群兴草木兵'之句，以谂于众，实则心中了了，何尝醉也。会徐锡麟在皖倡议，预约浙江响应，由周亚卫暨邵杰易僧服走温、处数百里联络，而颂清亦渡江至绍，诣大通学堂，率敢死士三十二人来杭起义。而皖事遽败，金华一军。又有泄漏，秋瑾成擒，乃由俞炜资遣敢死士为再举计。大通枪械，分沉河中。檄文以黄帝纪年，杂名册中摧焚之。惟秋之诗稿、杂文数十首，匆未及检，且以为无关宏旨，不意防军索证据不得，即以此为证佐而加害之也。诗稿中有长歌，题乃'赠蒋'，未著名，大略为'缓进急进皆无害'之意。徐方诒时为防军管带，任剿办，持以媒孽蒋尊簋，当轴以难证实置之，然不能无疑。其宣布罪状也，匿去此篇。即今遗集中此篇亦佚。于以知蒋之积毁有由也，然实则事先蒋公未之知。吾辈素知蒋公志在复汉，特此归国未久，新掌兵权，举动易为众所目，故特不欲预以相闻耳。乃浙抚积疑，使李益智掣其肘，后则杨善德又扼之，此蒋之所以不能不去也。蒋去之桂，赵正平、夏超亦诣桂，图树一帜于边陲。而朱瑞以蒋放，不安其位，乃与余谋去之皖，以继徐、熊之志，收拾余烬。因朱福诜力，介之皖抚朱家宝，家宝召之得入皖，屈映光、周季尧从为筹划。然皖惩徐、熊事，防之严，益之人地生疏，鲜成效。

"又谋返游，以厚吾党之力。浙抚因朱福诜而电诏回，又抑之，其故可想。朱福诜者，满族中人，在清廷领都察院者也。时吕公望、童保暄、徐乐尧学成归浙，英英露头角。故辛亥革命，朱瑞、童保暄等起于杭，清与许耀等起于甬，王逸等起于绍，吕东升等起于处，其金、衢、严、台、温、嘉、湖皆起，遂乃奄有全浙。群推朱瑞率支队攻南京，克之，而革命之功告成。推原所自，吾浙实由秋瑾倡之，联合之，故组织颇为完善，浙江初政，有可观焉。当是时，排满之气，弥漫中国，吾党群以死国为快，而陈去病之秋传论，尚隐约其辞，曰'屈杀'，曰'锋芒未敛'，失先烈意矣。先烈地下有知，其如之何？方先烈就义时，附身桐棺，不能以寸，清议抔土以封之，若赵宋诸陵之树冬青者也。俞炜曰：'吾辈初志，马革裹尸，已为万幸。今先烈得此，乃求之而不易得者也。满奴未灭，何煦煦为？'议遽罢。当时壮气盖世，于此可见，而谓先烈肯稍敛其锋以避祸乎？必不然矣。民国纪元，追怀遗烈，浙吏为之拨公帑厚葬，立祠祀焉，遂由湖南迎柩回浙。先是吴芝瑛为营葬于西泠桥边，作风雨亭，题墓写经，并欲造塔以纪念之。名张甚，清台谏嫉之，上章弹劾，浙抚阴嗾其夫迁葬湖南，事遂寝。至是始得回葬为今墓，并改修风雨亭焉。又河南程毅，从秋革命，秋败入狱，瘐毙狱中，知之者鲜，例得附申。然此乃荦荦大者，清所知也。

"其纪秋女侠遗事，暨鉴湖女侠墓表二文，与当时情事不符，且处清廷积威之下，语多讳忌，或故曲护之，未可知也。中华民国二十一年春，叶颂清撰。"

子布先生躬与其役，纪当时情事，自属信而有征，所云："诗稿中有长歌，题乃'赠蒋'，未著名，大略为'缓进急进皆无害'

之意。”

今按先大姊遗墨，有赠蒋鹿珊（亦作山）先生长歌，中有句云：“风潮奔腾复澎湃，保守急进本无派，协力同心驱满奴，宗旨同时意气洽。”当即指此。诗中多触忌讳语，故别纸但书“赠蒋”二字，殆亦投鼠之意。忆丁未六月，上海《中华日报》纪事云：“女士秋瑾之被祸，则更有一原因。查此次杭垣派至绍郡之新兵，系新征练兵第一标。虽标统李益智素为浙抚张中丞所赏识，由山西任所，挈至浙省，即派充新军第一标标统，然李之为人，性情暴戾，且好渔色，故不为浙省商界所重。今年第二标征兵到杭，商界大为欢迎。第一标标统遂对于第二标标统绍人某君，深怀忌刻之意，乃扬言某君素与秋女士有瓜李之嫌，以图倾害。”可见李逆以莫须有之辞，重诬贤者，尽人皆知。而蒋伯器先生与是案初无关连，遽遭罗织，不安于位，冤矣。子布先生又谓，吴芝瑛为先姊营葬西泠，“台谏嫉之，上章弹劾，浙抚阴嗾其夫迁葬湖南，事遂寝。”此事稍有出入，未便缄默。初，先姊之就义轩亭也，里保某甲，即来予家知会收尸。时予兄弟已避难乡间，家人畏祸，置之不理，听由善堂薄槥成殓，藁葬卧龙山麓。越二月，贵福去官，风声稍靖，始由先大兄徕绩密雇夫役，运厝于常禧门外之严家潭丙舍。是冬，吴芝瑛女士谋为先姊埋骨西泠，徐寄尘女士风雪渡江，至予家信宿勾留，迁柩而去。墓成，寄尘女士撰表，芝瑛女士书丹，勒诸贞珉，即今树立秋祠右壁者是。芝瑛女士故善八法，发愿欲写楞严经全部，造浮屠北高峰上，为先姊祈冥福，遐迩相传，誉为盛德。戊申之冬，遂有满御史常徽，奏请平墓之事，词连吴、徐，祸几不测。赖美国女教士麦美德之营救，江督端方与吴女士藁砧廉惠卿善，亦任斡旋，幸而获免。先大兄方依从父青士公于龙江法廨，浙中大吏与从父有旧，远道贻书，属自动迁葬，以免暴露，先大兄闻之，痛愤交集，间关南下，复移柩归越，仍厝严家潭丙舍如故。当是时，姊婿王子芳因惊致疾，久已下世。佳城既卜，于宣统元年八月，遣二佣人来绍，一楚姓，一王姓，将奉榇还湘合葬。予家本无成见，则亦任之。议定，行有日矣，会先大兄病殁津沽旅次，予家骤丧家督，哀恸不胜，料量丧务，无暇旁及。直至九月中旬，始遣之行。光复后，二姊珵偕浙督所派委员至湘，重启墓穴，湖南都督府加派李某为委员，护灵回浙，遂得永安兆域焉。此事虽微，为异时征信计，不辞覼缕，纪之如此。

先姊幼随伯兄就傅。稍长，辍学习女红，先妣单太淑人犹督令自修。先君公余退食，亦尝命姊侍侧，亲为指点讲解。偶成小诗,即呈堂上润饰,以是进境甚速。遣嫁以后,自以少作多未惬意,随手弃掷,不甚珍惜。丁未之变,遗稿强半散佚,益苦无法搜集,除散见各种报章寥寥十数首外,余惟徐寄尘女士略有钞存,吉光片羽,弥足珍视。民十五,悉举以付吾女甥王灿芝。灿芝又益以平日所裒若干首,略加诠次,仓卒付梓,即今中华书局印行之秋侠遗集是也。姊天性亢爽,诗词多兴到之作,别有意境,弗加雕琢,恍如天马行空,不受羁勒,非若寻常腐儒之沾沾于格律声调,拾古人唾余者可比。读姊诗者,傥亦许为知言乎?

予尝谓先大姊之诗,约略论之,可分为三个时期。如《咏燕》云:"谢王不是无茅屋,偏处卢家玳瑁梁。"此诗之成,当在嫁期前后,深闺守礼,婉呢柔嘉,匹配豪门,齐大非偶,故词致凄婉,不忍卒读。答季芝姊诗云:"已拚此身填恨海,愁城何日破重围?"则已如骨鲠在喉,倾吐为快。环境如此,遂有"漆室空怀忧国恨,难将巾帼易兜鍪"之想。此为深闺时期。及陶然饯别,远走东瀛,《应日本服部夫人属作(日本)海军凯歌》:"几欲起舞乘风去,拍手樽前唱凯歌。"《日人石井君索和即用原韵》:"漫云女子不英雄,万里乘风独向东。"则已侠骨豪情,不甘雌(伏),旧时思想,幡然一变。此为东渡时期。自入同盟会以至归国,许身革命,生死以之，凡所吐属，皆有种族之痛。如柬某君嘱作某报文字云：“飘泊天涯无限感，有生如此复何欢。”又：“牧马久惊侵禹域，蛰龙无术起风雷。”《感愤》云：“抟沙有愿兴亡楚，博浪无椎击暴秦。”尽情言之，更不作吞吐语，则已入于革命时期。异时有为先大姊辑全集者，容以斯意质之，不审有当否？

先姊留东时，与同志创办《白话报》，宣传革命，予于前文已一再言之矣。丙辰归越，行箧中携带是报甚夥，自第一期讫第五期，抑第七期，则年远健忘，已难追忆。六六之变，予家一度被搜，家人畏祸，于宵深人静时，将先姊所遗书籍，拉杂摧烧，此报亦未能免，外间遂少流传。封面为署名旭窗者所制，绘一中年人，蓄小髭，着西装，高擎《白话报》一本；其下四人，三男而一女，伫立凝视，渴望甚殷。予弱岁好弄，爱其神采奕奕，因乞得数本，庋缄书簏。报中作何语，迄未过目。上年重检，仅存一、二、三期，余已遍寻无着。岂仓卒之际，误付丙丁矣。

《白话报》为杂志性质，月出一册，售大钱五十文。全年十二册，大钱四百八十文。甲辰（不书光绪年号）八月十五日出版。编辑兼发行者，为演说练习会，附设日本东京神田区骏河台铃木町十八番地中国留学生会馆内。印刷所，在东京牛込区神乐町一丁目二番地翔鸾社。印刷者，日人野口安治，住东京小石川区指指谷町百三十三番地，未谂是否托名张禄，抑或果有某人？近世不乏留东前辈，当能举以见告。国内总经售处，为上海望平街《中外日报》馆间壁《小说林》社。报之内容，分门别类，计有论说、教育、历史、实业、地理、理科、时评、谈丛、小说、歌谣、戏曲、传记、来稿十余目之多，每期亦不能全备，惟行文全用白话。当时同盟会发行《民报》，保皇党发行《新民丛报》，政见不同，论调迥异，国人类能言之，独《白话报》则知者甚少，然在革命史中，要自有其立足点也。

演说练习会简章计十三条。第三条云："演说分二种：一泛论，一实学。凡专门学及新思想，议论精确，于国内有影响者，其稿交书记录存，以备印刷发行。"此报取材，必择议论精确，影响国内者，其意何居，已可不言而喻。又第五条云："中国语言，各处不同，故演说者虽滔滔不绝，而听者竟充耳罔闻。会中当附属一普通语研究会，凡演说皆用普通语。"此与近顷提倡国语及大众语者之用意，不谋而合。又第十三条云："演稿每期发行时，内附写真数枚，其目的专对学界及游历官，凡足以兴起国民之精神，及警惕败类之心目者，由会员侦探确实，临时图绘，以资模范，并作警钟。”今阅各期《白话报》，均未附摄影，亦无劣生污吏之丑史，岂组织伊始，犹无确实材料欤？

在《白话报》撰稿者，多不署真姓名，如“少年主人”“贪生怕死鬼”“铁肝生”“惟我主斋”“顽蛮少年”“莽男儿”“苦学生”等等，一望而知为信手拈来之笔名。惟作品方面，遣词命意，极为激烈，如第一期所载：《中国历史的摄影》，对于金、元、清三朝，直称之为胡人……。又《新串脚本改邪归正》，黄强璋唱慢板：“恨胡人，无故乱中原，十日屠城实可怜。”又将西后徽号，颠倒为“恭惠诚庄熙崇献钦豫昭颐康佑端禧慈皇太后。”第二期所载：《贪生怕死鬼的现身说法》，谓：“扬州城破，十余万人。俱被满洲军惨杀了。”又政治小说《好梦醒来》谓：“黄国的百姓，实在好说话，明知青国（影射清国）是令异族，专门欺压他们，还是柔柔顺顺，由他呼吸脂膏，不肯把他逐出去。……吃了青国几百年的苦，明白的人，竟绝无仅有，都是天生的奴隶坯子。……我前几天看到一本太平天国史，那个共搜贱（影射洪秀全）真是我们黄国的大豪杰哩。所最可恨的，就是那一辈杀不可恕的死奴隶，什么真国犯、祖宗荡呀，……”第三期所载《说廉耻》谓：“我们除去这骚鞑子，省得作了双料奴隶。”又，《革命须注重女子教育》谓：“本国人都有做皇帝官吏资格，怎么能说皇帝官吏比平民贵些呢？”又，《呜呼专制国之国民》谓：“现在做皇帝的，并不是我们汉族人，是什么满洲人。”种种论调，能言人所不敢言，在专制时代，直为大逆不道，正与《大义觉迷录》背道而驰，脱当日不幸而为满虏贵福所得，则康乾盛时文字之狱，不难复睹于光绪季世，吾族之赤，将无噍类。前尘回首，盖犹有余悸焉已。

先大姊既为创办《白话报》之一份子，故按期均有撰述。第一期为《演说的好处》，末段云：“我国在日本的留学生，晓得演说的要紧，所以立了一个演说练习会，又把演说的话，刻了出来，把大家看了，可以晓得些世界上的事情、学界上的学说。唉！列位不要把这个演说会看轻了，唤醒国民，开化智识，就可以算得这个演说会开端的了。”揭橥该会旨趣，亦即《白话报》之发刊辞。第二期为《敬告中国二万万女同胞》，大意在反对缠足，提倡女子求学，与男子绝对平权。第三期为《警告我同胞》，叙述日俄战争，在横滨目睹日本妇孺欢送出征军人之感想，全文未完。第四期以下缺，已无从获得全璧矣。（倘有收藏《白话报》第四期者，能将续稿抄寄一份，不胜感激。）以上各文，均署真姓名发表。王灿芝女甥所辑《秋侠遗集》未载。

《中国女报》为先大姊独力经营之杂志。月出一册，售洋二角。第一期于光绪三十二年十二月二十日发行，第二期于翌年正月二十日发行。予曾收藏一份，今第一期已遍寻无着，不知何时遗失，惟犹能忆及，纸张甚劣（普通印报纸），印刷亦不佳，书面报名印蓝色。第二期则已改用道林纸，并附带声明云："俟经费充足，必须更求改良。"然未几款绌停顿，此愿终虚矣。先大姊手拟《创办〈中国女报〉草章及意旨》，在第二期补登。其最扼要者，如第一条云："本报之设，以开通风气，提倡女学，联络感情团体（此句疑应作："联感情，结团体"），并为他日创设中国妇人协会之基础为宗旨。"第十条云："本报开设沪上。执事除经理、撰述、调查、校对等员之外，又另设招待员一员。如有我同胞往东西洋游学，经过沪上者，及就学沪上者，人地生疏，殊多不便，当为尽一切招待之义务。"此两条实为在沪创办女报之主要目的。筹备伊始，鉴于从前办报诸人，财力未充，遽行开办，往往有中止之弊，意欲募集股本万金，分五百股，以二十元为一股，委托中国公学会计部代收，并望热心志士，出资捐助，以固基础。然如集有三四千金亦即先行试办。不意咄嗟之间，款巨难集，罗掘得数百金，仓卒出版，仍蹈失败覆辙，第三期即自动停顿，后此幡然变计，专心致志于实际工作，殆亦实逼处此乎？

先大姊在沪，初赁庑于虹口北四川路厚德里九十一号，创立“蠡城学社”。迨《中国女报》成立，关于编辑、印刷、发行各事宜，即附设于是焉。特约代派处，有上海四马路文明书局之廉惠卿（即吴芝瑛女士之夫）、北京顺直门外绳匠胡同外城女学传习所之江亢虎、杭州银洞桥嘉兴同乡会之朱介人、绍兴水澄巷口教育馆之裘激声（即创办三三医院之裘吉生）诸人。

《中国女报》第二号目，有黄公之《道德说》，纯夫之《女子教育》，志群之《恭喜，恭喜》（丁未元旦作），会稽挽澜女士之《女英雄独立传》（小说），吕碧城之《女子宜急结团体论》，俱为精心结撰之作。挽澜女士闻为陈伯平烈士胞妹，碧城女士文名尤远播中外，余人未知谁何，今已无从考证。

姊自撰者，为《看护学教程》续稿，共刊十页；又《感时》七律二首，《日人石井君索和即用原韵》七律一首，《感愤》七律一首，《剑歌》七古一首，俱已脍炙人口；又有《勉女权》唱歌两阕：其一云：“吾辈爱自由，勉励自由一杯酒。男女平权天赋就，岂甘居牛后。愿奋然自拔，一洗从前羞耻垢。若安作同俦，恢复江山劳素手。”其二云：“旧习最堪羞，女子竟同牛马偶。曙光新放文明候，独立占头筹。愿奴隶根除，智识学问历练就。责任上肩头，国民女杰期无负。”外间似少流传，故备述之。

先大姊被难，实为清光绪（丁未）三十三年六月六日。二十余年来，予家循例于是日举行私奠，从无间言。近顷有人主张，就义之日实为初五，邹鲁之《中国国民党史稿》、黄鸿寿之《清史纪事本末》，闻亦有同样纪载，惝恍迷离，足以淆惑听闻。为后世传信计，是乌可以不辨！谨按丁未六月初三日，先大姊嘱予兄弟避乡，经过事实，已详《私乘》。吾侪初寄寓峡山村张氏（先大兄之外舅家），有邻人何姓者，名淦，相识有年，可托腹心，因嘱其逐日至郡城侦伺。初四日黄昏，即悉先姊被逮。先兄焦急逾恒，苦于无法营救。初五日何返，又闻案情甚急，事不可测。张氏深虑株连，虽未公然逐客，而辞意之间，已若不豫。先兄知旨，乃偕嫂氏、侄辈及予计七人夤夜雇舴艋小舟至漓渚，匿于宝寿禅寺。初六日傍午，有急足来寺，密传噩耗，则姊已于是日昧爽就义矣。

予时才十二龄，少不更事，记忆容有舛错。顾先大兄《风雨一宵恨满楼》诗稿，亦复如是云云。家嫂健在，坚谓无误，此一证也。予家居和畅堂时，同堂从兄弟行，犹未析爨，丁口甚众。当时事变前，吾侪先期避难，家人未知底蕴，晏处如故。迨大通事发，道路传言，官中将收系家属，为瓜蔓抄。于是从兄誉章亦匿于戚串家，所存惟妇孺数人，相对悲苦而已。初六日卯刻，有夙农予家服役之舟子小毛者，忽于晨光熹微之际，剥啄而入。家人惊起问故，小毛请间密启曰："大小姐已归天矣。"言既，不暇缕，匆遽而去。闻者疑信参半，相与揣测，犹望传之兆非真。俄而里正导山阴县令李公入门，实施搜查，始悟顷间噩耗之不诬，此又一证也。

上海《时报》纪事略云："初四日下午，在大通学堂内拘获之秋瑾女士，至初六日破晓时，突由山、会二县主会营传提到案，排队拥护，行至轩亭口，秋瑾不作一声，惟注视两旁诸人一周，即俯首就刑。观者如堵。……当道之心，仍以别有军火藏匿，李大令复至秋瑾母家搜查，到处皆遍，并无他物。现已不复审究矣。"关于先姊就义日期，亦谓在初六破晓。且浙抚张曾扬之庚电奏闻，相差两日，以其时考之，似当符合。此又一证也。综而论之，六月六日之纪念日，大体当无疑义。陈去病之传，徐寄尘之表，系根据家属所言，迥非道听途说可比。公私记载，信而有征。不谓事隔多年，众论庞错，忽生异议，情词各执，安所适从？傥党国前辈，犹有旁证，足资折服者，甚望提出，从长讨论，借成信史也。

《白话报》第一期发刊，为光绪甲辰八月十五日。明年乙巳六月二十三日，孙中山先生莅日本东京，吾国留学生假富士见楼开会欢迎。旋开同盟会预备会于饭田町程家柽寓。次日开成立会于赤坂区桧町内田良平之宅，除甘肃外，到会同志遍十七省。先大姊被推为浙江分会长，是为同盟会之始。较《白话报》之创刊，已迟一年。可见先大姊在未入同盟会以前，已早蓄排满之志。

厥后，大通被逮，自承为男女革命，而非种族革命，有以知其必不矣。此事予夙未注意，今记《白话报》事，偶然感触，因补记于此。

自丁未以迄辛亥，此五年中，吾秋氏诸人，精神上之痛苦，可谓至矣尽矣。光绪三十三年，予与次侄锡甲（后改名农）同肄业于会稽县学堂。六六之变，方值暑假，颠沛流离，几非生人所难堪。戚族亲友，固已视同蛇蝎，避之若涣。而吾侪辈为不祥之物，亦有自知之明，但咎运蹇，夫复何尤！此种况味，吾于《六六私乘》中已述梗概。及七月返宅，暑假届满。会稽县学堂已将开课，而吾叔侄两人继续求学，不为环境所许。是年下期，惟由先大兄督令温习旧课，俾免荒落而已。翌岁春季贻业。乃得复学。予年少顽劣，好与同学争闲气，舌枪唇剑，各不相下，对方每以不入耳之言见詈，予无辞以对，惟有逡巡退却，以避其锋。予家居

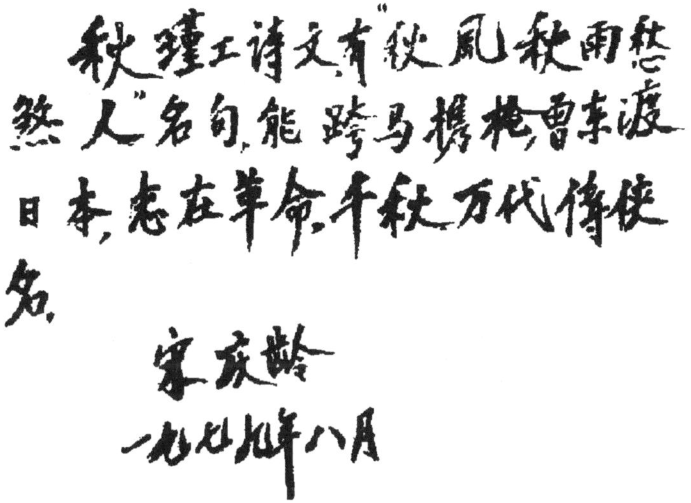

宋庆龄题词

和畅堂，历有年所。以先世待人忠恕。里党从无间言，邻宅诸儿，多为小友，平时竹马鸠车，情同昆季。受丁兹变，家中尊长，禁不令外出，咫尺山河，益感离索。实则彼家长老，亦雅不欲子侄辈复从吾侪嬉也。犹忆丁未秋初，先大兄雇土夫数人，密运先姊灵榇，厝严家潭丙舍，管理人展问邦族，兄支吾良久，卒未相告。越俗，丙舍壁间，例书姓氏。以免年久失记，此事亦未敢为之。深虑受人揶揄，转贻逝者之羞。盖彼时之秋氏，已同罪隶，不齿于齐民之列，遑论士族？幸吾侪俱幼，不亟亟于婚嫁，非然者，殆将以鳏鱼丫角终矣。天佑吾宗，汉族光复，积耻大辱，稍稍昭雪，今日得为太平闲民，已喜出望外，然前尘回首，隐憾难销，创巨痛深，其将永永不可磨灭乎？

（作于民国二十八年秋瑾成仁三十二周年，刊于1939年6—7月《东南时报》副刊《吴越春秋》第348—370期）

附录：再续《六六私乘》

绍兴逸翁

女侠小字玉姑，光绪元年乙亥十月十一日，出生于福建厦门，出嫁为光绪二十二年丙申四月初五日，时女侠为二十二岁。

女侠祖父嘉禾、父寿南，母单夫人，兄誉章、弟宗章，妹珵。女侠自出生后，均随母于其父任所，至十六岁始返绍兴。

女侠之赴日本留学，各书对时间之记载，均有所不同。考之再三，实力光绪三十年甲辰秋七月十四日，首途日由湘潭出发。

光绪三十一年乙巳八月，大通体育学校创立，其地即绍兴城西之裕仓故址，即近日之锡麟小学也。大厅悬一联云："十年教训，君子成军，溯数千年祖雨宗风，再造英雄于越地"下联云："九世复仇，春秋之义，愿尔多士修鳞养爪，毋忘寇盗满中原。"后以语涉忌讳，不数日即撤去。

女侠离浔溪后，在上海与陈伯平、张剑尘、姚勇忱，在虹口祥庆里，以"锐进"为名，联络敖嘉熊梦蛟，吕熊祥逢樵等，运动长江一带会党，又与蒋乐山、沈鹿珊、张恭、周华昌联络浙江会党。

《中国女报》自创设后，先后仅出两期。第一期为光绪三十二年丙午十二月初一日，第二期为光绪三十三年丁未正月二十日。

丁未之冤案未发前，女侠拟定在浙江由金华会党首先起义，北与安庆徐烈士锡麟、南与惠州同盟会邓存瑜遥相呼应。秋从崇德归，通知巡风聂李唐作准备。聂在无意中将秘密泄漏，传至武义县城，知县钱宝镕急报浙江巡抚求援。并派兵勇在聂姓家搜出会党名册，遂牵连大通学堂。其时徐烈士在安庆闻知此讯，匆促间击毙皖抚恩铭，旋为当局所捕，成仁于安庆。金华，兰溪等地亦遭聂案波及，革命计划至此完全泄露。

六月初二日，浙江抚军张曾敭，密谕浙江新军第一标李益智，率领士兵三百余人赴绍，于未行前，有谓第一标士兵中有革命党混入者，向张抚告密。张抚又考思再三，于傍晚才下命，决遣第一标出发。至初四日午后，兵勇入绍兴、由西郭门入。入城后，即沿城濠至大通校之四周，密围达五匝之众。其时内奸蒋纪（又名纪云），乃大通校中之职员，忽从兰溪来，在女侠之办公房中纠缠索费，女侠因而为之所误。围军遂得毫无所阻而入校中，女侠所捕同时被逮者，有教员程毅、学生徐颂扬、钱应仁、吕松植、王植槐、石宝熙。

女侠被刑日，其家属已避居平水广孝，故女侠尸体由善堂成殓殓后埋于卧龙山脚。至同年九月间，张抚及贵府去职，始由其家属迁于水偏门外之严家潭丙舍中暂厝。光绪三十四年戊申正月，石门徐自华于西湖为女侠筑墓，遂葬于西湖之西泠桥畔。至宣统元年己酉冬，御史常徽奏削平秋墓，事先有知其事者告湘潭王氏，故女侠之柩又由其兄誉章自西湖迁回严家潭，再由王氏自严家潭迁湖南湘潭。至民国元年壬子，孙中山先生为临时大总统后，复于西湖筑女侠墓，自湖南迁西湖葬焉。

横滨之三合会又称三点会，成立于光绪三十年甲辰春。第一次入会者，计有冯自由、梁慕光、廖翼明、胡毅生、陈撷芬（女）、李自平(女,冯自由之妻)。女侠之人该会为第二次,其时为同年秋八月间,由李自平之邀约,女侠遂入会焉。同时入会者有刘道一(封“洪棍”,一作“草鞋”)、仇亮(字蕴存,湖南湘阴人,留学日本弘文学院)、刘复权(湖南人、后变节投敌,为端方暗探,辛亥革命时,为民军捕解南京,经黄兴下令枪决)、曾贞(字骥才,江西人)、龚宝铨(字味荪、浙江人,章太炎婿,随太炎研究国学造诣甚深,辛亥革命后任图书馆长)、时女侠被封为“白纸扇”,当时称“洪门三及第”云。

女侠因陈静斋关系,识陶成章于日本东京,由陶之介绍加入光复会。

胡道南在留学时,因谈论排满革命与男女平权问题,与女侠彼此意见不合,发生争执,女侠于众人间骂胡为“死人”,胡遂怀恨焉。女侠被刑后,有谓为胡报复而告发者。然个中之秘,考之再三,终不能明。然蔡孑民先生序胡道南《愧庐文钞》,谓并无发其事,而胡道南之被暗杀亦属冤死。

光复会主张宣传革命之外,主要在于革命之力行及实施,认为用暴力取得政权后,才能实施民主之政治,故光复会初期,犹以女侠在两浙之活动,深入各地,与道会等地方秘密组织密切联络，实行武装革命，从不少懈。而同盟会虽也重视武装革命，但其领导人居国外为多，宣传因之多于力行。光复会对此意见较深，两者分歧点亦即在此。光复会自徐、秋两烈士殉难后，国内各地活动无形停顿，唯陶成章在日本设一办事处而已。然其时陶成章已为同盟会成员，且陶素以宣传重于力行，故光复会亦徒有其名而已。至民国元年壬子十一月（应为辛亥年十一月），陶成章被刺于上海广慈医院，光复会才星散。

女侠与陶成章之不和，亦因在革命上之抱负不同所致，女侠于光绪三十三年丁未春，回绍兴主持大通校后，即大力与浙东各会党联络，企图在短期中以暴动暗杀之形式推翻满清政府，然陶成章认为革命非宣传至一定时间、使各界人士均有所痛愤满清虐政之统治，才能用武力行使威力，否则终不免失败云。故女侠有讥陶成章为“书生造反”之语。因此，当大通校为中心进行革命时，深为在东京之陶成章所不满。事后陶撰《浙案纪略》一书，于《秋瑾传》中词多不满女侠者，即为此而发。

吴惠秋，石门人，原名明，号希英，后为纪念女侠改名。原为一乡村中之旧式妇女，遇女侠后不久，随女侠至绍兴。在大通校中之机密文件，均由其经营。女侠被捕后，才伪装出绍兴城。

女侠之从日本归国，各书记载不同，然据余所目睹，为光绪三十一年乙巳十一月二日，日本文部省公布《清国留学取缔规则》，十二月八日留学同学陈天华愤而投海自杀，因之激起留学同学中之极度愤怒。当时女侠为主张立即返国之提倡人，故于十二月廿五日，在东京乘长江号商船返国。

大通校教职员及学生共百余人，以嵊县、新昌、缙云等县人为多。女侠有事于外时，校务由吕逢樵负责。大通之外，又创体育学堂，在嵊、新、缙招学生百余名。

秋瑾和《六月霜》

秋宗章

《人间世》第二十八期，王灿芝女甥所作《读六月霜之感想》，对于先大姊璿卿女士遗事，有所补充。展读一过，为之怃然！《六月霜》原书，从未寓目，连日向杭城旧书肆搜求甚力，渺不可得。惟《人间世》第二十七期阿英先生所作《关于秋瑾的一部小说》，介绍全书大致，已可了了。其中所写事实，记实部分固多，而穿凿附会，亦复不少。因就鄙见所及，书之于后：

关于先大姊之传记，近时尚无详赡完善之作，足以传世。吴芝瑛《秋女士传》、徐寄尘《鉴湖女侠墓表》俱失之简略；且时当胜清季世，文网较密，未敢尽言。今日读之，宜有未惬。陈去病《鉴湖女侠秋瑾传》，在光复后属草，于革命计划，稍有叙述，而剪裁未当，论断又欠精辟，仍非佳构。予生也晚，于先大姊一生事实，亦未能列举无遗；先兄徕绩知之最悉，不幸又于宣统己酉（1909）下世；今惟家嫂及二姊佩卿犹能道其梗概，虽语焉弗详，但较诸传闻臆测之辞，终为信而有证也已。

予兄弟姊妹凡四人：长兄誉章；字徕绩；大姊闺瑾，字璿卿，留学日本，改名为瑾，又字竞雄；自号鉴湖女侠；二姊闺珵，字佩卿，今改名珵；予行次居幼。先大父露轩公，同治壬戌（1862）补行辛酉（1861）恩科举人，官福建补用知府，历署云霄厅同知，厦门海防厅同知。先君星侯公同治癸酉（1873）科举人，官湖南郴州直隶州知州，署桂阳州直隶州知州。光绪元年十月十一日（1875年11月8日），大姊诞生于福建某县署（似为同安，年远记忆不真，待考。）时露轩公方权县事，星侯公随侍在任所也。数岁后返越，随兄就外傅，先妣单太淑人亦识字知书，督课綦严。稍长，辄学习女红。星侯公参福建戎幕，以劳绩保知县，筮仕台湾。嘱姨夫何录安先生护眷赴台，道经上海，适海舶已先一日启碇，淹留逆旅者经月，始搭粮舶成行。海中风涛甚烈，屡频于危。单太淑人惊恐万状，惟合掌吁天，虔求神佑；又以丝涤系吾兄及两姊，惧覆舟散失。如是者数日，风静浪息，乃得安渡，共庆更生。台居未久，星侯公擢直隶州知州，签分湖南，携眷同行。抵省后，历筦常德、湘潭、湘乡等厘局。公余退食之顷，尝命大妹侍侧，讲授旧籍，习为小诗，即于食案前授笔点窜。是以学业猛进，为戚邻所艳称。湘乡有巨绅曾氏者，为文正公之后，故与湘潭王氏有戚谊，因为姊诣作蹇修，申婚姻之好，于光绪二十二年四月初五日成礼。王氏先世以商业起家，富甲一郡，生子四人，姊婿德钧，字子芳（又字延钧），行次最幼，美丰姿，状貌如妇人女子。第质美弗学，论其造诣，远不及吾姊。以父母钟爱，推及屋乌，故姊亦得堂上欢。翌年五月二十八日，生子沅德、字仲瀛；辛丑八月二十五日，生女灿芝，字桂芬。是岁十月，星侯公弃养于桂阳州廨，予兄弟扶柩至湘潭，择地安厝，遂赁庑作寓公焉。

尔时有一琐事，造因至微，而结果则演成不可思议之局，是不可以不记；先是王氏钱肆中有陈某者，幼即习业，以外表木讷小廉曲瑾，结主人心；久之果得信任，俾经理肆事。小人得志，顿忘本来面目，侵蚀账款甚钜。主人闻之，屏斥不复录用。陈惧，恳吾姊斡旋。姊初不可，顾不胜其扰，姑为言于君舅。事果弗谐，陈益惶急，涕泗滂沱，痛不欲生。姊为恻然，乃斥私蓄数千金；又商于兄出资如之，合设和济钱肆，令陈负责经营。受任之初，信誓旦旦，矢诸天日，必得以报。岁暮结算，备有盈余。姊亦引以为慰。越岁，而陈之故态复萌矣。吾兄书生积习，原未谙阛阓利弊。姊又深闺守礼，未便躬亲稽察。职是之故，陈某监守自盗，略无顾忌。积日既久，外强中干，不得已宣告停业。予兄悉索敝赋，已无余力，姊亦一筹莫展。事为君舅所闻，出而料量善后，且以陈某人面兽心，万难恕宥，送官押迫。姊闻之，不为已甚，又嘱吾兄以名刺保释，不再根究。陈某腰缠万贯，市田营宅，几若素封。未几忽得风疾，半身不遂，又不戒于火，庐舍荡然，卒致饿以死，论者谓有天道焉。吾家自被此钜创，渐入窘乡，客地久居，已感竭蹶。

癸卯(1903)五月，遂全眷南归。而姊婿子芳入赀为郎。亦先期接眷北上。南辕北辙，劳燕分飞。睽隔三年，姊迳由东瀛旋里。向使和济无恙，则吾家侨寓如故。姊留学归来，未必舍湘而浙，曷致酿成亘古未有之悲剧。天实为之，谓之何哉！

姊自燕京东渡，为光绪三十年(1904)事，此可于吴芝瑛女士所作小传中见之，惟月日则厥而不书。尔时予才九步，懵无所知。吾兄又已物故，益无从质询。叩之家嫂，亦未能作肯定答复。第忆为是年夏秋间事而已。颇闻姊行前数日，曾与子芳以细故反目，故留学之志益决。子芳靳弗与资，姊遂脱簪珥为学费，掉臂迳行。《六月霜》第七回："说前因女士谏夫君"姐与子芳问答之语，固出自作者装点，即第八回之"将错就错，顽宦休妻"，子芳出具"休书"一节，亦为决无之事。盖先大姐与子芳，伉俪之隋，原非甚笃，意见参商诚有之，名义上则始终为夫妇，从未履行离婚手续。故吾家与王氏、仍通庆吊。光绪丙午(1906)十二月，先妣单太淑人之丧赴告，翌年正月，王氏邮致挽帐，称谓一如畴昔，即可证明。惟闻丁未(1907)六月姐就义后，耗传湘中，王氏深恐株连，曾扬言"镜破钗分，恩断义绝"，此为一时权宜之计，究不能据为典要也。

姐抵东后，初入预备学校，补习日文；寻入实践女校毕业。《六月霜》谓在日习武，实非。殆因姐好舞剑，致有此误。至于结识徐锡麟烈士一节，虽未知原书如何描写，度亦不无穿凿。徐字伯荪，山阴人，为绍兴中西学堂监督。东渡日本，拟入士官学校，以体弱未果。党山富室许仲卿，贷以万金，捐道员分皖，又得所亲前湖南巡抚俞廉三地道，奉委会办巡警学堂。先姐与徐初不相识，当时报纸，误为中表，可谓毫无根据。盖秋徐二氏，素无往来，遑谕亲密乎？己巳(1905)夏，同盟会成立于日本东京，姐被推为浙江分会长。会日本文部省颁布“取缔留学生规则”,争之不获,愤而归国,遂与徐等组光复会,为同盟会之支流。并在绍兴古贡院创办大通体育师范学堂,以军法部勒学生,养成下级干部,为革命基本队伍。阴招壮士编为八军,以“光复汉族,大振国权”八字别之;号称光复军。公推徐为首领,先大姐为协领,王金发,竺绍康、张恭、吕逢朝为分统。纠合会党,克期大举。徐至皖两月函电密商,一俟皖事得手;浙亦继起发难响应。不意五月二十六日、徐刺皖抚恩铭,与陈伯平马、子畦二人先后被难。绍兴府知府贵福,(《六月霜》改为富禄)与恩铭有葭莩谊,故有围搜大通学堂之举。先大姐遂亦不免。此为当时与徐合作之大略情形,《六月霜》恐未必能秉笔直书也。

贵福,字云寿,满州旗人(《大通学堂党案》一文中已写为“字寿君,镶黄旗,蒙古人,翻译进士。”曾入词林,一麾出守。其人蠢如鹿豕,而好自用。以清廷方假预备立宪之名为号召,则亦揣摩风气,出而与学界联络。故大通开学时,贵福居然亲临参加典礼。又以先姐号竞雄,亲撰“竞争天演,雄冠地球”嵌字联语为赠。此即《六月霜》第二回日,所谓“富太尊鬼计联新党”是也。至谓贵福为先大姐之义兄,则纯为无稽之谈。先大姐生平主张排满甚烈，凡属满人，均所深恶痛绝，与贵福夙未谋面，惟开学之日，匆匆一晤。平时则绝足不至府廨，相见机会既稀，何由昵近？就令为革命策略，虚与委蛇，然年龄相差过远，而请结金兰之契，有是理乎？《六月霜》写先大姐被逮以后，于非正式会审时，对贵福之言，亦为虚构。是年八月《中外日报》记事云："贵福升堂讯供，秋女士即诘官云：'余犯何罪？乃至于是！'官云，'尔身怀手枪之故。'贵又问'尔果与徐锡麟相识否？'秋答曰：'曾经相识，但此次皖变，实不知情。余之所主张者，系男女革命，而非满汉革命。'贵即饬役将秋女士钉镣收禁。"当时讯供情状，大略如此，何"大哥"之称？《六月霜》又谓先大姐与被捕学生，同时处决、亦非事实。大通共有学生八十人。已放暑假，留学堂只三十余人，围搜时已大半逃避；惟闻有二人惨遭开枪击毙（一说七人），实无同时处决之事。至于就义以前。需要写家书不遂，及书写"秋雨秋风愁煞人"七字，则诚为事实，尽人皆知也。

大通之被围也，实为六月初四日下午，事前贵福捏词朦禀，浙抚张曾敭札派第一标统李益智，率常备军两队，计三百人，会同营县，前往搜查，故有当场开枪击毙学生情事。先大姐既被捕，兵士居然大唱凯歌，拥至府署，此种丑态，越中播为笑柄。上海报纸，且有极幽默之评论。《六月霜》所记凯歌，即系转载而来，并非作者手笔。凯歌前尚有短文一篇。标题为《浙省新军第一标之战功》，兹附录于后：

浙江第一标新军，本派往武义，剿办匪乱。嗣又奉命，半途折回，随同绍兴府贵守，至绍围捕大通学堂。枪毙学生二人，并获得学生多人，及秋女士瑾。该兵丁等即大奏军歌，拥送府署，是为浙省新军第一次卓著战功之始。

吾闻日本向以武术着称，其海陆军人，均有爱国之志。每临前敌，奋不顾身。故自甲午以来，连胜中俄两大国。每当战胜后，其兵士聚众欢饮，共奏军歌，以示庆贺之意。

夫日军之奏军歌以相贺者，乃实有攻城略地之功，故足乐也。若夫浙省新军，则仅仅围一学堂耳！

又仅仅捕得十数文弱学生，与一细弱之女教习耳！乃亦狂奏军歌，以贺成功，较之日军之贺战胜，一则致死于劲敌，一则推刃于同胞。令人思之，毋乃大惭。

然就中国之军事上言之，则固无足怪也。记者犹忆甲午年间，中日交战之时，吉林将军依克唐阿，奏报与日军交战，大获胜仗。观其奏折，铺叙战功，洋洋不下千万言。然究其获首虏之实数，则只得日本军帽三顶，倭刀二柄而已！然其时朝廷之赏功，已非常优渥，盖其时中国师徒屡北，辱国已甚，于此而犹吝其赏，将何以励战士之气，而作敢死之勇？朝廷之为，是亦有深意存焉。

今浙省新军至绍，竟能以三百之众，于半日之中，封闭一学校，枪毙拘获学生一二十人，且又捕获一女教习，可指为女革命党；获得凶枪两柄，可据为铁证；此其功绩，因较获得兵帽三顶，倭刀二具者，为滋多矣。然则其大奏军乐以庆成功也，亦固其所！

呜呼！天朝之兵威，如是其盛也！新法练兵之效果，如是其速也！吾知革命党人，必早闻风而胆落矣。办理征兵之作用，盖如是，如是。

记者于此，谨濡笔铺纸，拟作凯歌四章，以庆浙师之成功。

凯歌第一间第二句，原作为“来困学堂”；第二章第一句为“以十杀一”；第三章第一句为“嗟尔弱女”，与《六月霜》略异，余同。

贵福所出布告，报纸亦为转载，（《人间世》第15页第19行、“继奉抚宪电”，句下应为“准安庆电”四字，误排为“情安度电”，遂不可解）编者又分段加以“析义”，指斥贵福，不留余地，惜文长不能备录。例如布告结尾：“如有不肖之徒，敢与学生为难，一经本府知悉，定当重惩不贷。”此段“析义”云“依我想起来，不肖的官，就是阁下；敢与学生为难的，也就是阁下；我只愁糊糊涂涂的政府，不知道此案的真情。若是彼也知道，恐怕阁下也就难以轻办了。”论调之激烈，文笔之犀利，真如并剪哀梨。然平心而论，布告所谓“悖逆论说，及伪造军制单字据”，事诚有之，且皆为先大姊手笔，厥后存绍兴府档案。浙省光复，徐寄尘女士至绍兴，原任知府程赞清已反正，改任民政长，因得检出携归，今犹存于西湖秋社，实非贵福之诬陷，特当时舆论极为激昂，一致抗议，遂并此真迹亦加否认。《时报》谓：“贵福因外间人言啧啧，群为秋女士讼冤，授意某某，求秋女士书函等件，仿其笔迹，造通匪等函件，以掩饰天下耳目，”即力为此事开说。他如《文汇报》纪事云：“绍府贵守，无端杀一女士，竟无从证实其罪，是诚大误。初指其与徐同党，后因不能搜得实据，故出示称：‘女匪秋瑾，系平洋党首领……’云云。该党即于绍兴嵊县者，并指秋曾与该党约期六月初十起事攻城，以为已得确实之凭证，不能移易者焉。致命全城居民，均收拾财产，相率迁避乡间，市情亦大受阻碍。后知府与差役等自知骚扰已极，如自动蜂房，而反畏蜂之螫。乃又出示安民，现城中幸即安静，惟东南隅仍有兵士防护云。”虽以和平论调出之，而语气显有抑扬，不满之意自见。《六月霜》之作者，殆亦具此心理者欤？

大通之祸，由于绍兴劣绅告密，亦为事实。浙抚张曾敭电奏有云：“又据绍郡绅士密禀，大通体育会女教员匪党秋瑾、吕鸿懋、竺绍康等，谋于六月初十左右起事，竺实党首，闻已纠约嵊县万余人来郡，乘机起事等语。贵守当于初四日傍晚，率领军队，前往大通学堂，及嵊县公局搜查。”《中外日报》亦云：“秋瑾之死，学界中人有势力者，颇亦从而加功。”就予所知，所谓绍兴绅士，平时与先大姊均有相当友谊，深致钦佩。洎皖江徐案发生，若辈深恐牵累，(与徐交谊尤厚)为已身安全计，不惜挤井下石，籍以自白。故某报评论，标题为《卖友者之将来》，略云：“秋瑾之死，不死于侦探，而死于告密；不死于渺不相关之人，而死于素号开通，昕夕相过从之人；彼其所以为此者，以畏株连之故念，不惜牺牲一弱女子，以自丐其生，在彼固宜以为得计。虽然，彼其将来，果能见赦于官吏与否，殆尚有所不可知！实为探骊得珠之论。同时又有某报评论，讽张曾敭、贵福辈、宜复其天良，反坐告密官绅应得之罪，以谢天下。而告密领衔之胡某，翌年中秋，果因此案被人暗杀。此辈自命清流，允宜投诸浊流，始彰公道。此《六月霜》之所以讥为“褚钩”也欤！

自先大妹就义后，一般舆论，咸为太息；对于贵福之操切从事，劣绅之卖友媚官，但有腹诽，不敢援手。但“绍兴民众和学生的公愤”“民众以及知识界中人，却愤愤不平要出来讲话。”“民众并不胆怯，仍然怒生着革命的火花。”“绍兴的学生民众，仍然大无畏的开着追悼会”种种，予敢质直言之，均为必无之事。有之，则如“评议居”茶店各种人物，不负责任之造谣，无中生有之怪论而已。此其予个人愤世嫉俗之言，盖事实如是，无庸为讳！虽然，人心未死，公道犹存，仗义直言，何尝无有？则如上海各报，既有光明磊落之纪载，复有鞭辟入里之论断，而留东全浙学生，致江督浙抚电，亦大声呼号，足以廉顽立懦。此外又有署名佩韦者，致浙省绅界书，略云：“公等之与秋女士，有同乡同井之情，且或属葭莩，或系世谊，而独熟视无睹，始终未闻发一不平之论，筹一雪冤之策者，何也？岂以其真入匪党，罪有应得乎？抑岂以其讲男女平权、革命，固夙触公等之恶感情乎？抑岂以当道观方信口诬捏，多方罗织，风声紧急，惧罹祸累乎？公等团体甚大，势力甚雄，虽当道之势，炙手可热，吾知其不敢轻于诬陷罗织，有断断然者。然则果何嫌何忌？如仗马，如寒蝉，不发一言，不倡一议，此真吾所百思而不得其解者也！殆亦自托春秋之义，贡此逆耳之谈，究之言者谆谆，听者藐藐，曷尝有几微效果？”

迨辛亥武昌起义，共和告成，前光复军分统王金发为绍兴军政分府都督，革命空气，弥漫寰中。石门徐寄尘女士于十二月中旬莅越，下榻《越铎》报社，假大善禅寺为先姊开会追悼。越中官绅商学各界，挽联祭帐。纷至沓来。白马素车，一时并集。以较畴昔之“收拾财产，迁避乡间，”迥不相侔。诚哉革命火花怒生矣，惜大无畏精神之表现，已在五年以后耳！

《六月霜》有一最大误点，即谓先大妹就义以后，吴芝瑛到绍兴领尸是也。此中经过，言之极为繁琐，惟为传信计，谊难缄默。先是五月二十六日皖江之变，耗传越中，姊已预为之备。吾家和畅堂旧庐东偏小楼梯下，所藏秘密文件，暨党人名册，已漏夜销毁，不留痕迹。六月初三日，事态益趋严重，姊归语伯兄，嘱即趋避。吾兄弟乃于是日下午，一棹容与，避住峡山村戚串家。翌日闻姊被逮，事不可测，又迁地于漓渚镇宝寿寺。初六日傍午，得先姊就义噩耗，复黄夜雇小舟急行，匿于距平水镇七里许之平阳寺。其地僻在深山，人迹罕至，逋客安顿，自无他虞。时吾家仅存妇孺乃佣媪看守。初六日辰刻，山阴县令李钟岳，率隶役多人，来搜军火，无所获而去。里正某甲，即嘱吾家往轩亭收尸，家人惧祸弗敢往，置之不理，遂由善堂草草棺殓，藁葬于卧龙山麓。七月初旬，风声稍靖，予兄弟先后返宅。闻遗榇暴露，心甚痛之。已而贵福去任，社会对于兹事，渐已淡忘。吾兄不忍薄槥久处日炙雨淋中，密雇夫役数人，潜往移柩，厝于常禧门外严家潭丙舍。上述情形，为予兄弟所亲□，初未闻吴女士来绍兴领尸也。

是岁冬，吴女士与徐寄尘女士，谋为先大姊埋骨西泠，以践宿诺。寄尘女士风雪渡江，与吾兄磋商就绪，克日迁柩西湖，瘗于西泠桥堍新茔。料理葬事者，除吾兄外，吴女士藁砧无锡廉惠卿先生及寄尘女士，实终始之。茔地为发起人集资购买，并无西湖尼庵禅隐师太捐助之事。事竣，寄尘女士为撰墓表，吴女士书之，又题"呜呼鉴湖女侠秋瑾之墓"，立碑墓门，一时义声远播，识与不识，莫不叹息誉为盛举。以此益遭满奴之忌，抔土未干，遂有满御史常徽奏请平墓之事，词连吴、徐两女士、寄谕浙抚查办。吾兄远客龙江，闻讯问关南下，仍移柩归越，殡于严家潭故址。吾兄亦以此事忿而致疾，于己酉(1909)八月，殁于津沽旅次。后此先姊灵榇，一度运湘，与姊婿合葬。辛亥光复，浙省大吏，又派员迎归，始得永安窀穸焉。

综观《六月霜》纪事，泰半根据当时报纸，大体自无错误，偶有出入，吾已于上文缕晰言之，读者参互印证，当可得其真相。此外亦间以吴芝瑛女士所撰《秋女士传》，及《纪秋女士遗事》为蓝本，例如《秋女士传》云："女士随某君居京师有年，痛愤庚子之变，以提倡女学为己任，凡新书报，靡不披览，以此深明中外之故，而受外潮之刺激亦渐深，……吾欲结二万万大团体于一致，通全国女界声息于朝夕。"故《六月霜》亦谓先大姊受庚子事变之刺激烈，因而接触新书报，接受新思想，决定拯救二万万女同胞之志趣也。《传》又云："孑身走东瀛留学，时京师诸姊妹与相识者，置酒于城南陶然亭饯之，以壮其行"。故《六月霜》亦有"自由女陶然惜初别"之回目也。《遗事》云："女士平生持论，谓女子当有学问，求自立，不当事事仰给男子。今新少年动曰'革命、革命'，吾谓革命当自家庭始，所谓'男女平权'是也。""故《六月霜》写先大姊之思想行动，始终限制在"男女平等，家庭革命"八字，对当时之革命党人，亦有微词也。姊革命宗旨，自不致若是单简，容另文讨论之。

《遗事》又云:“在京师时,摄有舞剑小影,喜作《宝刀歌》《剑歌》等篇,……既而行酒,酒罢,女士拔刀起舞,唱日本歌数章,命吾女以风琴和之,歌声悲壮动人。”故《六月霜》第十一回回目:“酒酣耳热,慷慨悲歌”,写先大姊在筵前舞刀,又踏琴唱《宝刀歌》也。《遗事》又云:“女士东游时,值宁河某君,以戊戌事自首,系刑部狱。女士方脱簪珥,谋学费,窘迫万状,不得遽行。闻宁河事,乃分其金以应急。展转达狱中,属勿告姓名。迨宁河遇赦出狱,始知之。时女士已东去,宁河寓书谢之。事后与人语,辄为涕零,然女士与宁河初不相识也。”此事颇难索隐,以予测之,宁河某君,殆即王照,字小航,戊戌变政,以礼部主事直言应诏,超擢四品京堂。西后二次垂帘,照以新党株连,避地扶桑。数年后,潜行回国,匿居天津。闻沈荩被逮,惧亦不免,因赴京投步军统领衙门自首,下刑部狱。未几,西后赦党人,复其原官,与吴女士所记,极为吻合。隐其姓名,度亦投鼠忌器之意。今读《六月霜》第八回回目:“兔死狐悲,囚牢赠钞”,不知是否即指此事而言,斯有待于检阅原书矣。惟吴女士所为《传》,亦间有与情事不符,如云:“年十九,嫁某县某宦某君,生一子一女,随某君居京师有年。”按先大姊嫁时,年已二十有二,且癸卯北上,甲辰东渡，居京师仅一稔，不得谓为“有年”。然此尚为小节，犹有一事，最为乖戾，如云，“送其子若女，受鞠于外家，孑身走东瀛留学。”《六月霜》根据此说，有“失父儿外舍暂相依”之回目，遂致一误再误。关于此事，灿芝女甥，已于“读《六月霜》之感想”文中，有所辨正，可不赘述。揆厥原因，吴女士如是云云，亦自有说。盖先大姊初次北上，吾家犹寄寓湘潭，姊携其子沅德，侍君姑同行。而其女灿芝，则付乳媪哺育，委之外家。两月以后，君姑不乐北居，沅德夙所钟爱，因复挈同南旋。乳媪闻之，亦抱灿芝回宅。时间甚暂，且非东渡以后事。《六月霜》作者不察，复徙而渲染之，遂益趋岐途。以此类推，是书写先姊家庭间事，牵强附会，恐更不免耳。

最后，犹有数事，为《六月霜》所弗及，而须附带报告者。丁未大通之案，山阴县知县为李钟岳，会稽县知县为李瑞年，（闽人，军阀时代曾官浙江富阳县知事），钟岳对于此案，颇不直贵福所为，苦于统属所系，未能抗义。帮先姊就鞠时，不加刑讯。六月初六日辰刻，来予家搜查军火时，怡颜悦色，屡嘱家人不必惊惶。每至一室，翻箱倒箧，必躬亲监视。事毕，既督同隶役扃闭，虽一丝一缕，亦无残缺，而东僻小楼，向为姊之卧室，以地势偏僻，直绝足未住，实则楼中满贮先姊遗物，书籍函札而外，尚有旧式手枪莲蓬两杆，子弹若干发，均可为邀功希宠之具，藉非贤有司保全善类，一经发觉，则吾家结局何似，殆已不堪设想！事后，贵福深疾钟岳，将籍故劾之。钟岳无计自全，投缳自尽于山阴县廨。（按：应为杭州运司河下。）今西湖秋祠为设粟主附祀，宜矣。钟岳有子，愿而鲁，飘泊杭垣，不能归。民国元年（1912），褚慧僧先生任浙江民政长，闻而怜之，曾招之入署，委为椽属，然其人短于才，实亦不能事事也。贵福自办理大通一案竣事，自谓不世之功，指顾迁擢，第内则街谈巷议，窃窃数其残忍；外则沪上各新闻纸，尽情指摘，几令无地自容，卒致不安于位。调任安徽宁国府，皖人又不乐有此贤太守，拒之甚力。贵福进退维谷，不敢履任。坐是终清之世，废弃终身。入民国后，自知不容于清议，改姓名为赵景祺，甲子，乙丑（1924、1925）之交，犹老而不死，夤缘入北京外交部办事。间语所亲，谓宦途风顺，为秋案所累，乃致颠踬，甚非意料所及。言次，愤懑见于辞色。吁，此獠不杀，得保首领以没，吾秋氏尚有遗憾，彼犹歆然以为未足乎！

《人间世》第27期，1935年5月5日

大通学堂党案

秋宗章

先大姊璇卿亡三十年矣。赍志未竟,以身殉国。一抔黄土,碧血长埋,生前志行,迄今犹无完善之实录,足以昭示来祀,泯焉澌没,良用蠢伤。犹忆辛亥暮冬,光复军分统王君季高,方督绍兴军政,曾以府廨所藏大通旧档,移赠西湖秋社保存,借作纪念。人事匆匆,遂逾廿稔。去岁夏间,特至社中,将全卷翻阅一过,穷竟日之力,挥汗握管,择要录副,于全案颠末,粗具端倪。因念大通之狱,震惊中外,私家记载,多未翔实,欲博信史,自非取材于官文书不为功,爰节叙事略,稍加诠次,附以平日闻见,草成是篇,以备党史之采择,至于详尽之作,限于篇幅,但能留俟异日矣。

大通学堂

一、光复会

清光绪三十一年夏，孙中山先生由美赴日。六月二十三日，留东学生开欢迎会于富士见楼。旋开革命同盟会于阪田町程家柽寓宅，以“驱除鞑虏，恢复中华，建立民国，平均地权，矢信矢忠，有始有卒”二十四字为誓词。翌日，开成立会于赤坂区桧町内田良平之宅。越数日，又在灵南坂子爵阪本金弥宅，开干部选举会，公推中山先生为总理，黄兴为庶务，汪兆铭为评议部议长，邓家彦为司法部总长。中国十八行省除甘肃外,各组设分会。浙江分会长,即鉴湖女侠秋瑾是也。当是时,上海有光复会,亦以革命为宗旨,与同盟会殊途同归,推蔡元培为会长,陶成章、徐锡麟俱为会员。岁丙午,秋瑾归国,因成章而识锡麟,复因锡麟而入光复会。浙人俞炜、周凤岐、朱瑞、夏超、顾乃斌、周亚卫、叶顷清、叶焕华、葛敬恩等亦次第加入焉。

二、起义计划

绍兴大通学堂,为徐锡麟所创办,陶成章实助其成,假绍兴城内府山后之豫仓为堂址。光绪三十一年八月二十五日开学,别设体育会,定六个月毕业,广招金、处府属各秘密会党首领入学训练。以兵法部勒之,得数千人,编为八军,曰"光复汉族,大振国权。"统名之曰"光复军"。锡麟自为首领,瑾为协领,张恭(字同伯,金华人)、竺绍康(字酌先,又字谪仙,嵊县人)、王逸(字季高,嵊县人)、吕逢朝(字凤樵,处州人)为分统。三十三年正月,锡麟得党山(村名)富绅许仲卿之助,入赀为道员,指分安徽,堂事委瑾接办。时革命潮流日益发皇,而实力微嫌薄弱,于是聘邑人孙秉彝(字德卿)为总理,瑾则亲往各地运动会党,由诸暨经浦江、武义而至金华、兰溪，复由永康、义乌而至处州，一时如终南会、龙华会、九龙会、平阳党、乌带党以及青帮、洪帮诸魁杰，罔不结盟，声势大振。浙江军界朱瑞等，学界蒋鹿珊等，亦复分途纠合，暗通声气。布置就绪，拟定四月间起事。寻改五月初旬。再改五月二十六日，由金华徐买儿（名顺达）发难，处州继之，俟清兵自杭垣渡江往援，则绍兴之军，截其后路，乘虚占据杭州，皖、江同时响应，即可会师金陵。计划既定，以筹备不及，复定六月初十日。讵事机不密，谣诼繁兴，武义县知县钱宝？电省请兵，浙抚张曾扬派已革广东补用副将尽先参将驻衢巡防营沈棋山率巡防队前往剿办。五月二十三日，与义军接战，同志刘耀勋死之。聂李唐、李嘉宾、李好江、李良金、李维伦、李何齐、陶思干等皆被捕。金华府嵩宇密禀浙抚略称："拿获金华、武义匪目供出系大通学堂勾结起事，请严究。"同时徐买儿又因他案事被捕。部下诸人谋劫狱，不幸为清吏所悉，于五月二十四日杀买儿。金华义军遂告失败。而锡麟在皖，于五月二十六日刺杀巡抚恩铭，亦因军事未能得手，与陈伯平、马宗汉先后被难，故遂有大通之狱。

三、浙抚函电

五月二十九日，浙抚张曾扬致绍兴府知府贵福（字寿君，厢黄旗，蒙古人，翻译进士）电云："据金华嵩电：'武义获匪聂李唐等供出党羽赵洪富'，又前准南洋大臣电：'查拿匪党许道亨即振鹏'。足下办理此案务当慎重。"按：洪富，字卓斋，缙云人，竺绍康之妻弟，任大通学堂会计。振鹏，字云祥，别号道亨，嵊县西乡人。光绪丙午冬，因与大岚山同伙，曾经官厅悬赏缉拿。贵福奉电，惶遽无措。会绍兴劣绅胡道南等与秋瑾有隙，密函告变。贵福晋省面陈，曾扬信汤寿潜之言，欲兴大狱，允派新军第一标三百人，渡江协助。六月初三日，贵福致曾扬电云："高牌长早七点到，大队尚未到，一时难下手。闻匪多往嵊县。"曾扬即电复云："大通学堂徐匪死党必多，家属祈迅饬掩捕。徐纬已在九江拿获。"又致亲笔函云："足下去后，接安庆来电，内开；'昨已搜得徐匪信箱，派员遂细点查，内有方世钧誓书一纸，语极背逆。又有沈钧业致徐匪书信八件，多有谋皖之语，并有运动奉天巨匪冯麟阁（即冯庸之父）之意，请速捕'等因。绍城现在无兵，已密派卫队一排十四名赴绍，以便先将沈匪及徐匪胞弟并武义获匪供出之赵洪富，先行密拿，搜查信件证据，电禀核办。其首要各犯，愿充眼线，另拿紧要渠魁者，亦予免罪，以为解散党羽之计。此系大略办法，一切仍与胡绅道南熟商妥办。”贵福奉命，遂扎饬山阴、会稽两县迅即遵办。惟原函“仍与胡绅道南熟商妥办”一语，扎中删去，殆虑其贾怨，预为之地也。按，道南字钟生，举人候选教谕。传闻其人嗜饮，当具函告密时，正醉欲眠，不假思索，贸然钤印名章于牍尾。此事主动，实别有人在，道南代人受过，致伏厥辜。越年八月十五日凌晨，为嵊人史进德、裘美根所杀，即因前事报复云。

四、围搜大通学堂

六月初四日下午，贵福会同常备军第一标第一营管带徐方诏，督率山阴县知县李钟岳、会稽县知县李瑞年，带领第一标新军，围搜大通学堂。原有学生八十人已放暑假，留堂者仅三十余人，当场捕获秋瑾、程毅等十三人，余均逃散，搜获证件，择要录之如次：

（一）（上略）若要谋人人要银，入不敷出真无奈，杯水何能救车薪。（以上用铅笔书）近日营谋一件事，未知可成不可成。我二人专任招同学，内地机关尽有人：广东史氏又坚任，他兄前已殉同群；湖南孙化和马慨；湖北事归贾其铭；安徽吴自强和万又复；江南招待派封云；浙江柴氏和齐氏；四川邹氏小容君；甘肃陕西河南地，王、李、陈三人尽是勇闻名，山西卢曾身任事；山东徐谢作经营；贵州云南地偏僻，云是杨郎贵是金。（以上用墨笔书）

（二）祖国沉沦感不禁，闲来海外觅知音。金瓯已缺总须补，为国牺牲敢惜身。嗟险阻，叹飘零，关山万里作雄行。休言女子非英物，夜夜龙泉壁上鸣（初稿作“啸不平”）！（此稿用墨笔书）

（三）不唱阳关曲，非因有故人。柳条重绻缠（原稿如此，恐系“缱绻”之误），莺语太叮咛。惜别阶前雨，分携水上萍（初稿为“分携作客身”）。飘蓬经已惯，感慨本纷纭。爱国心已碎，合群力未曾。空劳怜彼女，无奈系其亲。万里还甘赴，孑身更莫论。头颅愿大好，志愿贵纵横。权失当思复，时危敢顾身？白狼须挂箭，青史不铭勋。恩宗轻富贵，为国作牺牲。只强同族势，岂是为浮名。（此件由山阴县李令检送）

（四）《俚句六章敬呈秋姊大吟坛斧正》诗云：“最爱东瀛岛，化育良可钦。涕泣望乡国，顽固一何深。感此结中肠，乃作浩气吟。君负济世才，何异荒年谷？怀瑾复握瑜，恰是丰年玉。喜保千金躯，同胞邀幸福。”（不署作者姓名）《再奉赠别五律一首，录呈并恳赐和》:“叙别短长亭,群山睡已醒。瀛州芳草绿,汉地柳条青。意气吞胡虏,精神贯日星。相思寄鸿鹄,携手复叮咛。”同时被搜出者,尚有《某宫人传》、《读警钟感赋》、《同胞苦》,《支那逐魔歌》及《革命论说》、《革命军制单》等多种,大多出自先大姊手笔。因已见中华书局出版之秋侠遗集,不再复录。

五、供词

秋瑾等既被逮,即于晚间,在绍兴府廨大堂,由贵福会同徐方诏暨山、会两邑令提讯。已而浙抚又委候补知府吴学庄前往会审。同时被捕者,尚有徐颂扬、徐福昌、傅有堂、陈树南、蒋继云、金阿意、鲁阿敖、王植槐、刘连贵、吕植松、秋氏、程毅、钱应仁、僧明信、张仁有诸人。兹首录先大姊供词如左:

秋瑾即王秋氏供:山阴县人,年二十九岁。父母都故。丈夫王廷钧。我于光绪二十九年与丈夫离别出洋,往日本游历,与徐锡麟、赵洪富会遇熟识。后我回国,在上海开设女报馆。上年十二月间,始回绍兴。由蔡姓邀我入大通学堂,充当大通附设体育会教员。与竺绍康、王金发均属要好,时常到堂,已有月余,也系熟识。今日闻有营兵前来拿捕,当即携取手枪、皮包,就想逃走。不料堂内开枪，兵勇等亦开枪，并将我连枪拿获。又论说稿数纸、日记手摺一个。此稿是我所做，手枪亦是我物。我已认了稿底。革命党的事，不必多问了。皮包是临拿时丢弃在堂。至赵洪富、竺绍康、王金发现逃何处，不知道是实。（下有指模，注明："右手二指。"）

宗章录至此处，睹物思人，搁笔者屡，伤心惨目，不自知其泪之涔涔下也。

监生蒋继云即子雨供：年三十三岁，金华人。父蒋贤选，曾任玉环守备，光绪三十年交卸。母陈氏，弟兄四人。娶陈氏，生一子。光绪三十二年，在杭州与缙云人吕凤樵遇面熟识。五月里，吕凤樵荐监生到上海秋先生处谋事，给我盘费洋十元。到上海客栈遇秋先生，投递吕凤樵荐函。秋先生要叫监生到湖南劝捐，是监生不肯。因见客栈同寓的，都是西装，陈墨峰亦在内，秋先生行为叵测，时露破坏主义，住了一夜，就回杭州了。听说秋先生是叫竺绍康即酌仙（又叫牛大王），同到湖南募捐，捐到银子不少。王金发初四这一天上午，到过大通学堂。秋先生告诉他风声不好，催他逃走。他们各省均有大头目，浙江的大头目，要算秋先生了。他的党羽不知多少，闻说已纠合五六千人。秋先生于无意中把人拉作朋友，他就把悖逆诗词论说叫人抄写，秋先生得了凭据，都不敢不依他了。金华人张伯谦，即张恭，是个内地的头目。绍兴人陈伯平即陈墨峰，是个大头目，最热心，不怕死，与秋先生最要好的。秋先生在上海开女报馆，邀陈墨峰主笔。陈墨峰能制炸弹的。前年冬天，北京车站炸弹，是秋先生同谋的。秋先生送吴樾到北洋，吴樾愿死，预先立下愿书。张兆卿能制炸弹。孙文来往踪迹，他都知道的。所供是实（宗章按：蒋继云第二次供张兆卿是湖南人，当系张尧卿之误）。至程毅、黄介卿所供，与蒋彷佛，不录。

初七、初八、初十、十二、十四等日，均有堂讯。点名单内程毅、吕植松、徐颂扬诸人，供词与前大致相同。六月二十四日，张曾扬电贵福云："蒋继云何县人？与供内之蒋某（指蒋尊簋，时为浙江新军第二标标统）是否一族？"二十五日贵福电复云："蒋继云，金华人，与供内之蒋某，并非一县，亦非一族。"忆程毅烈士在丁未五月间尝至吾家，其人肤色黝黄，身材适中，蓄东洋式小髭，以意度之，年龄当在二十五六之上。供词自称年未逾冠，恐非真相。烈士平日尝衣黄色番布军服，发辫已剪，然和易近人，予最喜与昵。大通狱起，烈士被捕，羁于山阴县典史署。鞫讯数次，独受酷刑，绝而复甦者屡，甚至跪以烧红之火链，皮肉焦黑，触鼻作奇臭,见者股?。而烈士决心忍受,宁死不吐露秘密。自先大姊就义,烈士闻之,终日号泣,痛不欲生。厥后贵福判以五年监禁,而烈士之疾,已不可为矣。其余案中诸人,除吕植松免罪,应钱仁递解外,王植槐则以杭州有警长黄某为之证明无干,不久开释;徐颂扬、蒋继云俱发原县监禁三年。继云原名纪,本为无赖,以吕熊祥之介,与大通发生关系。初四日午,至大通向先大姊要索多金,姊无以应。喧呶之际,逻者已入,遂无一漏网。就其言行而论,实党中败类。迨被捕受质,又哀词乞免,愿作眼线,罗织党人赎罪。贵福意动,请于曾扬,姑予保释,戴罪图功。曾扬不许,卒判监禁。世之为德不卒者,可以鉴矣!

六、满吏之处置

大通学堂被捕诸人,经贵福审讯后,初五日电禀浙抚云:"越密。前据胡绅道南面称:'大通体育会女教员革命党秋瑾及吕凤樵、竺绍康等谋于六月初十边起事,竺号酌先,本嵊县平阳党首领,党羽万余人,近已往嵊纠约来郡,请预防'等语。查该匪亲笔讲义,斥本朝为异族,证据已确。而据余党程毅等亦供秋瑾为首,应请将秋瑾先行正法。"即日得复电云:"府越:秋瑾即行正法，严讯程毅等各头目姓名踪迹，设法严拿徐匪家属，一并掩捕。”贵福当札饬山阴知县李钟岳云：“……合亟钉封密饬，札到该县，立即遵照，查明例不停刑日期，会同城守营多派兵役，监提该女犯秋瑾到案，当堂验明正身，绑赴市曹，监视处斩，仍将决过日期及监刑文武衔名具文通报，毋稍违延干咎，切速火速。特札。”初六日，李钟岳申复云：“……遵即会同绍协左营胡占魁，选派兵役，监提该女犯秋瑾到案，当堂验明正身，绑赴市曹，监视处斩讫。除程毅等听候宪台提讯，并缉获余匪究办外，理合备文申报，仰祈宪台察核。”先大姊就义时，绍兴警察局巡官何寿萱、杜渊庭两君，均被派往弹压，故获在场目睹。据谓皂隶将施绑缚，先大姊不可，隶亦听之。遂从容步行至轩亭口。临刑之时，面不改色。何君与予受业师王子余先生有戚谊，是日黎明，叩关往告，以谓成仁取义，慷慨捐躯，须眉犹难言之，今乃见于巾帼，殊令人惊叹云。先大姊既被害，先兄暨予等均避祸他去，无人收尸。徐君特令局司妥为盛殓，择地掩埋。厥后先兄拟迁姊柩厝于丙舍，幸承徐君遣人指示，得免舛误。此种风谊，亦不减唐玉潜之植冬青也。

初六日，浙抚张曾扬又亲笔致贵福函云：“迳启者：初五各电及本日由甬转去之电是否达到？秋瑾已否遵办？此事入手必须从严，始能解散。若意存消弭，酿祸必大。虽不可株连学界，然万不能已，与学界中人商办，以后遇事务须据实面陈，毋稍欺饰。敝处须得有实在情形，方能核办。派去兵队，系为除匪之用，岂为府县看家？种种畏葸，办理乖方。现派陈道翼栋前往督办，若再因循误事，非我所能宽贷也。”翼栋，湖南湘乡人，因查拿革党，率队捣毁同仁学堂，为越人所攻击，卒铩羽去。初七日贵福禀复云：“抚宪钧鉴：越奉函谕，惶悚感激。歌电奉到后，于初六早将秋瑾正法。鱼电夜半到达。杆为水冲坍，非砍断。此事揭破，由学界余(?)同聋聩，既无侦探，不得不利用之。然通情者不敢与谋，且事后须惩一二人以儆。卑府籍长白，必不为彼党所容，非有见好求庇意。……卑俯老母受惊致病垂危，还念大局，悲愤填胸，事多人少，或电禀内稍疏，幸曲原。”

先大姊就义日期，据邹鲁《中国国民党史》稿，黄鸿寿《清史纪事本末》，暨上年出版之《浙江省情》，均误为六月初五日。拙作《六六私乘》已详辨之。兹据绍兴府档案，益可证明为初六日无疑矣。

七、舆论之愤激

初，贵福勾串劣绅，妄兴大狱，意在邀功希宠，干进梯荣，是以倒行逆施，锻练罗织，无所不用其极。惟天下之事，未必尽如人意，踌躇满志，始愿终虚。大通之狱虽成，各方舆论，当加非难。沪上报纸攻击尤力。即编氓小户，街谈巷议，亦罔不太息，痛恨于官吏之无良，谤书盈箧，民实可畏。贵福固声名扫地，寝至浙抚张曾扬亦受其牵累，同染恶名，弄巧成拙，自贻伊戚，不特升迁无望，即原有禄位，亦弗克保。是年十月初四日，贵福卸事调补宁国府，为皖人所拒，不获履新。曾扬于十一月调抚山西，亦不得往。此贵福、曾扬始愿所不及料者也。夫舆人之诵，本权威，笑骂由人，好官自我，司空见惯，何足为奇。大通党案之被祸者，第一为弱女子耳。就令冤蒙不白，惨飞六月之霜；而(?)成不追，孰为一言之雪？何况张曾扬者，南皮张之洞(时官大学士)之族人，贵福又为膻胡之族类，奥援既厚，驱逐极难，乃以文字之鞭挞，口舌之声讨，竟产生不可思议之效力。虏廷卒亦不得不酌予量移，以慰民望。此诚胜清一代破天荒之创举，而民权之膨胀，亦有以肇其端矣！爰将当日上海各报纪事及评论摘要选录如次：

上海《中外日报纪事》云："绍兴官吏率兵搜捕大通学堂时，嵊县匪首竺绍康、王金发正去府城内中，官吏纵之不问。而先捕学生与秋瑾，指为通匪。其命意何在？真令人百思不得矣。"《时报》云："浙省官场，因外间人言啧啧，群为秋女士讼冤。大吏授意某某，求秋女士书函等件，仿其笔迹，造通匪等函件，以掩饰天下耳目。此说若真，官吏之用心，不可问矣。"《文汇报》云："绍府贵守，无端杀一女士，竟无从证实其罪，是诚大误。初指其与徐同党，后因不能搜得实据，故出示称女匪平阳党首领云。"某报评论:《秋瑾有死法乎?》略云："浙吏之罪秋瑾也，实为不轨、为叛逆。试问其所谓口供者何若？所谓证据者何若？则不过一自卫之手枪也，一抒写情性之文字也。果然，则仅得一违警罪而已。嫌其失实矣。乌得而杀之？如是而出于杀，则有以知政府之为此，非出于政治问题而出于种族问题。"

八、虏吏之辨白

上海各报对于此案证据疑出伪造，贵福内不自安，遂于六月十九日电浙抚云："前呈悖逆字据，系拿获秋瑾时当场搜出。报章有意反对，乞宪鉴。近闻嵊秦令禀:竺绍康等戕毙哨官，嵊匪裘文高、张岳云改扮学生，逃匿处州府城大通武备学堂及缙云县学堂。又闻竺匪逃宁海，投土匪锡彤党，请饬密拿。”二十日得曾扬复电云：“府越效电悉。所称当场搜出，系在身边搜出，抑在堂内？字据三纸，内何者是亲笔？欲查实以息邪说，非有疑也。又报纸中载：该匪当堂书‘秋风秋雨愁煞人’七字，有无其事？有即送核。均先电复。处、台已电饬。院号。”即日贵福又电浙抚云：“钢笔字据，获秋瑾时，由地检获。会审秋瑾时，已据供认毛笔伪军制单，续据山阴李令搜缴。七字在山阴李令手，已晋省。”

惟近人传说，先大姊临难以前，亲笔所书七字，不知系何人伪造，登诸报纸，实难凭信。今观于贵福之电，则疑团不攻自破。李令钟岳晋省后，此七字之原稿自已缴呈浙抚存档。辛亥革命，抚院焚毁，当已一例付诸劫灰矣。同时浙抚张曾扬又有安民告示，略云：“此次绍兴女匪秋瑾，勾结匪党，图谋起事，并欲先抢郡城绅富，骚扰治安。经本部院查知，派兵将秋瑾拿获，并起出悖逆字据，及枪弹马匹多件，业将秋瑾正法。奸谋已破，匪党散走，除仍严拿各首要外……尔等其各照常安业，不必惊惶，毋得轻信谣言，自相扰乱。”盖亦针对上海各报评论而发也。

九、党祸之株连

自皖案发生以来，两江总督端方、安徽巡抚冯煦，先后电谘到浙，查缉余党。当经浙抚张曾扬转行贵福，札饬山、会两县，指名勾拿。计为：陈威，字公猛，北京法律译馆教员；范肇基，字爱农，系日本留学生，昌安门外皇甫庄人；及竺酌先、许仲青、曹醴泉、陈济安、吕风樵、童济时等八人。六月十三日，又札饬山、会两县云："奉张抚电准安庆电：据徐伟供：'锡麟同党为陶焕卿、陈子骝（名志军）、龚味荪、陈寮兼（名德谷）、沈钧业五人，"又其妻王氏，游学东洋，改名徐振汉，与秋瑾同主革命。'应即一律缉拿，务获究办。"即据两县同申复云："范肇基乳名阿庆，并无家属，去秋旋里，见其已改洋装，家居数日，当复出门，不知去向。焕卿之父陶政，在本村开设灰店，人殊质朴。据称：伊子游学东洋，去年八月曾经回家，不久仍回日本，先前人尚正派，现在久无来信，其行状如何，无从觉察……"贵福又函请嘉兴府知府杨士燮协缉龚味荪归案，旋接复函云："龚匪系嘉兴北门外淡弄人。据秀水县秦令复称：'龚味荪向业药酒店，本在塘汇地方开设杨九牧字号，复在嘉郡北门外北丽桥开设分店。家属即住店内。父寿人，年五旬左右。味荪年约二十五六，在日本有年，时复返国，亦未有一定。今年正月、三月回家两次，居留数日，即又他出。闻先赴鄂，再往南洋群岛。皖案发生，全家迁避。无从查拿。’复请查照。”盖是时虏吏居心，犹欲兴大狱也。所谓绍兴绅士候选教谕举人胡道南、前仁和县教谕谢光枢、候选直隶州州判陈邦翰、举人吴思怀、廪贡谢燮奎等，遂仗义执言，连名禀称：“为文字株累，士气沮丧，环乞恩准，据情转禀摘释，一面札县销案事：……许仲青系己丑进士许在衡之子。在衡在日，与徐锡麟认识，曾延其弟课子。仲青以锡麟为父执，有事请教，时或有之。年才二十余岁，世故茫然，家事旦不能理，遑论其他。曹醴泉以教读糊口，与锡麟幼同里。陈威上年秋间赏举人，断无自行摧折之理。范肇基光绪卅一年在中学堂肄业，为道南监中学堂时学生……环请摘释。”适贵福等惧于品议，不敢罗织，遂置勿问。

其中陈公猛，即为今福建省主席陈公侠先生同怀兄。许仲青即住党山村，为绍兴巨富，与徐锡麟烈士有葭莩谊。大通学堂之开办费，及烈士捐纳道员之资，俱赖仲青资助，盖亦富而好礼者也。自经此案株连，惊恐致疾，未久下世。曹醴泉名钦熙，住东浦村，与徐烈士为近邻。烈士东渡，请醴泉代主大通堂务，数月后辞职。其人身材短小，恂恂如老儒。吾家和畅堂左邻，曹姓为其同族，月必一二至，故予幼时尝见之。彼与革命初无关系，徒以一度庖代，致遭缘坐，闻者冤之。范爱农先生，为予受业师，壬子间，任绍兴师范学堂学监。尔时学风嚣张，驱逐师长之事，数见不鲜，先生管教稍严，不幸遂为众矢之的。任事数月，卒受攻击去职。此公虽为留学生，而无留学生习气。衣履朴素，不修边幅。冬日戴一翻檐之毡帽，绝似村农，人多笑之，先生终不为动。自民元初夏，脱离师范学校后，所如辄阻，百无聊赖。因借酒以浇块垒。一夕，饮至洪醉，僱舟返皇甫庄，途次内急，至?首，便旋急，见水底之月，醉眼迷离，以为明镜，一跃入水捞取，惨遭灭顶。与李青莲采石儿故事，如出一辙，奇矣！陶焕卿烈士，名成章，辛亥浙江独立，躬亲其役，事定，养疴于沪上某医院，为仇家狙击而死。龚味荪名宝铨，章太炎先生之快婿，民国初年，任浙江省立图书馆长甚久。甫及中年，赍志而丧。此外名列党人碑者尚多，不甚着闻，兹从略。

十、徐父之保释

徐锡麟烈士介弟伟，字仲荪，既在九江途次被捕，六月初五日，张曾扬迭电贵稿，迅即掩捕徐氏家属。十三日又电饬严拿徐烈士之妻王氏即徐振汉。（电文见前）于是徐烈士之封翁凤鸣，遣抱呈徐福具禀，自请投案待质。比经堂讯，凤鸣供云：“职贡徐凤鸣，即梅生，山阴县东浦村人，年五十三岁。家有老母亲，现年八十五岁。职贡世业诗书，束身名教；中年弃书服贾，在郡城间开设绸缎铺，雇伙经理。自因独子，仍在家中侍奉老母，素不干预外事。职贡长子徐锡麟，幼时颇知自爱。因用心过劳，致有怔忡之疾，时发时愈。平日意见，竟与职贡时有反对。职贡素性迂拘，不敢令其出门，曾将锡麟幽闭空室。次子徐伟，即仲荪，与锡麟素来冰炭。是以光绪二十六年间，因兄弟不睦，即为析产分居，立有分书各执。锡麟前曾充当本郡中学堂教员，因科学未全，有志出洋游学。于三十一年八月间，禀奉前府宪熊（起蟠）保，迭奉前抚宪谘，遣赴日本游学。到日后，因身体验来合格，不能入校，遂报捐道员，指分安徽试用。回国后，请谘赴京引见。到省后，先后奉委陆军学堂及巡警学堂会办等差。遂有五月二十六日之祸。孽由自作，夫复谁尤。职贡与锡麟父子之间，性质殊异，素来反对。锡麟在皖，如何行为，职贡与家属委实毫不知情。兹奉饬提，当即具禀，赴县投案待罪，山阴县解送到案。今蒙亲讯，据实供明。至次子徐伟，自兄弟析产后，即往日本留学，迄未还家。现闻已在九江被获，乞转禀上宪电询，当有确供，委无虚捏是实。”相传贵福于徐氏家属，因徇邑绅之请，有意开脱。徐父供词，亦由贵福转瞩幕友代拟，故能面面俱到，不留罅隙。事隔三十年，已无法质证，姑妄听之而已。厥后贵福将徐父羁押候夺。胡道南等六人，先后具禀，请暂保释。贵福许之，即援笔批示：“取保释回安业。”而徐妻王氏，则在勾缉之列。道南等复又续为县禀略称：“锡麟之妻王氏，确守妇道，前年以体气差弱，时患疾病，因至日本就医，并无留学之事。至于改名徐振汉一节，从不闻有此名称。因徐伟深恨其兄，迁怒于嫂所致。事之虚实，不暇计及。”……并请转详开恩。”此禀未经批示，后亦不再究问，殆已不了了之矣。

宗章按：五月二十六日皖案发生，清吏派队围搜安庆小二郎巷伯荪先生寓邸，发现昆季往来函件甚多，足证其与烈士关系之密。至徐父亲谓其兄弟不睦，意在为仲荪洗刷，弥见此老苦心。阅者幸勿据以为典要也。

十一、孙秉彝之保释

孙秉彝，字德卿，会稽孙端人。父毓珍，官直隶南皮县知县，颇有政声。秉彝曾入赀为吏，然未赴选。光绪三十三春，任大通学堂总办，数月，辞职。党案既起，六月十三，贵福奉浙抚命捕秉彝下狱。二十九日堂讯，据秉彝供云："大通学堂经费支绌，暂行经理。自二月十五日开校，自揣学问不及，仅认校物筹款。……四月间，因用度浩大，二十五日告退。……闻校内诸人于五月十四日放暑假。此职仅认大通筹款之实在情形也。……"已而秉彝族人孙祖华等，联名具禀请保，山会劝学所总董杜子懋等，亦有公呈为主缓颊，旋经贵福批示"准予先行保释。"两月以后，贵福卸事，遂成悬案。

宗章按；德卿先生之从事革命，远在光绪癸卯，与同志沈克刚暨嵊县女杰尹锐志、尹维俊姊妹，组设机关开元寺同善局，秘密工作。丙午、丁未之交，光复会诸同志尝应先大姊之召集予家开会，先生亦为座上客。近人记大通事，谓先生与革命无涉者，良误。特胸襟阔大、埋头苦干，不乐标榜，故知者尠耳。辛亥革命，浙省光复，先生出任绍兴军政分府财政课长；又为纪念陶焕卿烈士，特创办成章女学校。民国十年以前，绍兴最有名之《越铎日报》，亦为先生所创。晚年淡于荣利，不乐仕进，惟为桑梓谋福利，则亟亟焉惟恐或后，故乡评月旦举无间。然今距先生之殇，数易寒暑，德音未远，墓有宿草，追维畴昔，为之泫然。

一二、党案之余波

绍兴旧府属之嵊县西乡，民风强悍，勇于私斗。有张岳云者，绰号岳元帅，与裘文高友善，皆为秘密会党之首领，各有部属数百人，均归光复军分统竺绍康、王季高节制。丁未五月初旬，文高未候竺、王命令，遽召台州义军由东阳入嵊，于西乡廿八都起义，谋攻击鸭舍坂、石碑、长乐等处之警察团防，得手后，即乘势攻城。嵊县知县秦家穆闻讯，商同防营副哨长李逢春，率领兵差前往迎战。逢春被杀，并毙营勇二名，阵伤练兵四名。事闻于浙抚张曾扬，飞调防营往助，岳云被获，死之。文高败走，退入东阳。逾月，大通学堂之难作。文高愤甚，日思报复之策，拟克期大举，先攻新昌，后扑嵊县。浙江提督吕本元据报，亟饬练军中营管带刘庆林驻扎嵊县，副堂管带凌绍清驻扎新昌，以为之备，并饬巡防第十队开驻奉化，互相策应。是年十月十五日，文高纠集义军千余人攻嵊县西乡，与刘庆林遇于白竹村，自午至亥，鏖战一昼夜，义军不支退去。十六日夜，复出奇兵，伪装警察，并前往劫营。庆林及哨弁杨泰华暨勇丁二十余人，皆殊死战，力竭捐

周恩来题词

躯。会新任浙抚冯汝?视事，电商吕本元，添派营伍接应。义军乌合之众，未经训练，遂致败绩。文高退回仙居，其余同志四散避匿，或先后罹难。同时金华、严州两府属之光复军，亦一度起事响应，两府毗连之马铃山，绵亘数百里，联兰溪、浦江、建德三县，山深林密，土著稀少，向为秘密会党之大本营，平时营县捕拿,每以崇峦复嶂,山路崎岖,无从着手。丁未冬间,前金华光复军首领徐买儿部下健将蒋六飞,召集同志,会于浦邑白沙、陈龙门、张山等地方,竖光复军旗帜发难。浙抚冯汝?电饬驻衢巡防督带沈棋山,往浦抵御。六飞战失利,遁匿于兰溪之溪里、源垄。翌年二月,将省垣派往侦探之什长王世荣,挖目砍毙。清兵追至,六飞又逃往金华忠村,为绅董周以德所获,遂被害。于是此硕果仅存之光复军,一败涂地,不可复振,而大通学堂之党案,亦于以结束焉。

(《越风》,第8-10期,1937年)

六月六日与李钟岳

秋宗章

予曩撰《六六私乘》，纪述先大姐璿卿轶事及就义经过，不下数万言。脱稿后，付《东南日报》副刊《吴越春秋》发表。既复纂录前清绍兴府档，成《大通学堂党案纪略》，揭载于《越风》半月刊。关于此案大致情形，细具颠末，自谓记载所及，信而有证。较诸传闻异辞，率然操觚者，迥乎不侔。所可撼者，前山阴县令李公钟岳，实为案中主要人物，在理宜以特笔记之，乃称详赡。顾不佞当光绪丁未(1907)，年方十二，少不更事，茫昧无知；而事隔三十年，旧时耆宿，强半凋零；其幸存者，又复事不关心，未能覼缕；间或道其一二，片鳞只爪，情节支离，言人人殊，苦难即证。职是之致，拙作于李公轶闻，独从简略。清操直节，泯灭未彰，斯则握管之余，所用负疚者也！

昨岁(1936)冬间，山东民国日报社长李江秋先生随山东省政府韩主席莅杭。浙省党政当局，设宴洗尘，省党部执行委员姜君心白(卿云)在座。谈次，兼悉江秋先生即李公之哲嗣。姜君本兼任西湖秋社常务委员，以此因缘，备极沆瀣。江秋知不佞客居会垣，因致语愿图良觌。予感其意，翌日偕姜君同车往访于西泠饭店。相见握手，欢若平生。坐定，略致寒温，即举曩事互相质询，亘两小时有半，始起立与辞。退而记其所言，着之于篇，藉为《私乘》补遗云。

李公讳钟岳，字崧生，别号晴岚。先世自明初由河北枣强，徙山东安邱，遂着籍焉。耕读传家，代有潜德。八世祖讳迁桐者，昆弟皆以科甲起家，支庶日繁，冠盖相属，始为安邱望族。父讳德洪，本生父讳德沾，俱邑庠生。公少承家学，内行敦谦。弱冠应童子试，屡冠其曹。自游泮食，名第未常落人后。光绪己丑(1889)举于乡。历掌肥城、郯城各书院，正文励品，学者响方。戊戌(1898)会试榜前，大挑一等，以知县签分直隶。已而榜发获隽，仍以进士即用知县，改分浙江。被命南行，中道闻本生父疾笃，间关折返，躬亲汤药。困敝之余，衣不解带。父病转剧，群医束手，公涕泣默祷，愿以身代。父病亦良已，人以为孝心所格云。是年秋到浙，需次年余。值庚子(1900)拳祸，联军入京，两宫西狩，各省兴师勤王，征发甚急。浙省派解京饷，行在道梗，庶僚无敢应者，公独奋然请行。数月而返，不消贻误。上官叙劳，委办临浦厘局。未及一年，丁本生父忧，奔丧回籍。三十年(1904)春服阕，翌年(1905)奉檄权江山县事。邑故僻左，民情强悍，宽严张弛，两有未可。公以为民智不启，政奚由理。爰两度捐俸兴学，为黎庶倡。士民慕风兴起，猋飞景附。巨金咄嗟集，学校遂以林立。百里之内，弦诵相闻，文教昌明，人才辈出。乡无游手，邑不废时，行之期年，循声大起。及瓜受代，缙绅惜公之去，相率为借寇之请。故虽调补山阴，未得即赴。其深得人心盖如此。三十三年(1907)正月初旬，卸事回省，奉牌示饬赴山阴县本任。时值米贵，甫下车，即办平粜救荒。刓蔽之余，同困小苏。设施未尽，而党祸作矣。

当公之筮仕于浙也，以南中山水奥区，人文渊薮，必多英奇磊落之士，可与游谈。故虽剧职繁官，非其所好；而烹鲜制锦，转以得善地为快。时先大姐璿卿方继徐锡麟烈士主持大通学堂堂务，由锋芒过露，为腐化分子所疾。迨徐烈士刺恩案发，江督移文浙抚，穷治羽党。会金华、武义之光复军，相继发难，俱未得手。同志中有被捕者，自承系大通学堂学生勾结起事。于是浙抚张曾歇电绍兴守贵福，密切防范。贵福欲兴大狱，藉邀功赏。重以郡人胡道南及某某等联合告密，益坚其志。乃星夜晋省，张皇上变。曾敫犹豫不决，以询省绅汤寿潜及院幕张美翊，咸曰："信！"曾歇从其言，遽调浙江常备新军第一标三百人，渡江到绍，听候调遣。贵福意得甚，札饬山、会两县会同办理。公奉命，颇腹诽之，亲至府廨谒贵，委婉譬陈。凡三日，卒不获请。六月初四日，贵福遂借口搜捕徐烈士余党，率领新军，围攻大通学堂。时已放暑假，留堂学生无多，而新军三百人，荷枪实弹，如临大敌。公虽偕往，犹欲相机销弭，屹立门外，向兵士大呼："但加逮捕，弗许伤害。"因此保全者甚多，学生皆乘间□垣去，惟有二生，自前门冲锋而出，中弹毙命。斯则贵福之责，公不能任其咎也。

与先大姐同时被捕者。尚有程毅等十四人，贵福约山、会两县及新军第一标第一营管带徐方诏，于晚间在府廨集讯，因无佐证，反复推问，未能定谳。然贵福居心叵测，必欲置大通诸人于死地而后快。用是将先大姐羁押于山阴县狱，嘱公严刑拷问。盖贵福曾登甲榜（出身翻译进士），雅不欲冒杀士之名，冀假手于公，以济其恶也。初五日，天阴雨湿，凄风动幕。公于花厅坐堂皇，召先大姐入，破例设座，略询数语，便随手授以朱笔，命录供词。先大姐初仅书一“秋”字；公促之再，乃足成“秋雨秋风愁煞人”七字，即世所传绝命诗是也。维复令自述经历，先大姐首肯，索钢笔及蓝色墨水，信手挥与，都三千言，越一小时而毕。语不悉传，仅知首段系自陈笄年随宦情形，余以诋毁胡虏，触犯忌讳，为官中所隐秘。原稿本由公保存，自归道山，流离转徙，驯至遍寻无着，更不知浮沉何所矣！先是，贵福疑公左袒党人，有意开脱，特乘花厅鞫讯之际，遣心腹吏侦视于侧。已而还报，尽悉宽纵状。遂不待公复命，亟电浙抚云：“越密。前据胡绅道南等面称：‘大通体育会女教员革命党秋瑾及吕凤樵、竺绍康等谋于六月初十日起事，……请预防。’等语。……应请将秋瑾先行正法。”电去，傍晚即得复云：“府越。秋瑾即行正法。速严讯程毅等各头目姓名踪迹，设法严拿。徐匪（指徐锡麟烈士）家属，一并掩捕。”贵福奉电，有恃无恐。立命书吏缮贝钉封密札，召公入署，面嘱照行。公争之曰：“供证两无，安能杀人？”贵色变曰：“此系抚宪之命，孰敢不遵？今日之事，杀，在君；宥，亦在君。请好自为之，毋令后世诮君为德不卒也。”公闻语大惭，知不可以口舌争，怏怏而出。既返署，手执密札，计无所出。蹀躞久之，终无两全之策。时已子夜，未可再缓须臾。无已，乃坐二堂，命吏胥伍伯候命，自狱室提先大姐入。语之曰："事已至此，余位卑言轻，愧无力成全，然死汝非我意，幸亮之也。"言次，泪随声堕。旁立吏役，亦相顾恻然。先大姐逆知成仁已在俄顷，即亦不惧，第要以三事：一准写家书诀别，二勿枭示，三勿褫相衣。公可其二三。先大姐遂不复语，从容步行，赴轩亭口就义，时六月六日寅刻也！

事后，公备文申报，原稿犹存李氏。予检阅西湖秋社所藏绍兴府档案，亦有此文，词句悉符，从知近人有疑府档为赝鼎者，殊不可信。爰照录之，以裨志乘。虽无关案情，亦革命文献不可缺之资料也。

山阴县为申报事：案奉本府宪台扎开："本年六月初五日，奉宪台、抚宪密电内开：'府越。秋瑾即行正法。速严讯程毅等各头目踪迹，设法严拿。徐匪家属，一并掩捕。入杭学生，如有匪首在内，究出姓名，速电复。嵊匪最多，应严饬秦令及提标兵，赶紧设法搜捕。闻竺匪已于日前由嵊纠三十人到绍，应购线密拿；并商同徐管带酌留数排驻城，余仍令捕贼为主；并嘱时刻警备，毋为所乘。获匪均何姓名？起获后膛枪是何种？匪枪究有若干？复。院□歌。等因，奉此。‘查女匪秋瑾前于讯供后，饬发该县收禁；一面电禀请示在案。兹奉前因。除程毅各头目姓名，及嵊匪各节，由府分别讯明，禀复饬办外；合亟钉封密饬，札到该县立即遵照例不停刑日期，会同城守营，多派兵役，监提该女匪秋瑾到案，当堂难明正身，绑赴市曹，监视处斩。仍将决过日期，及监刑文武衔名，具文通告，毋稍违延干咎，切速！火速！特札。’等因，转行下县，奉此。遵即会同绍协左营胡占奎，选派兵役，监提该女犯秋瑾到案，当堂难明正身，绑赴市曹，监视处斩讫。除程毅等听候本府宪台提讯，并缉获余匪究办外，理合备文申报，仰祈宪台监核！”

贵福既因公屡与违忤，蓄憾甚深。益以六月初六日辰刻，饬公来予家搜查军火无着，（详情见拙作“六六私乘”，兹不复赘）疑为有意徇纵，积愤所至，力图报复。未几，果朦请浙抚撤公之任。命下，邑人大哗，到署慰问者，肩摩毂击，户限为穿。群谋电省挽留，公峻拒不可，始废然而罢。去任之日，倾城士绅郊送者数千人，截镫留鞭，攀辕卧辙，其盛况得未曾有；三五父老，伴送至距城三十里之柯亭。犹瞻恋不忍遽别。盖深感公之庭诤面折，不恤其官，为有古廉吏风也。既返省垣，赁庑于运司河下（地名)。浙抚张曾敭听先入之言,欲登白简。赖藩司某再三疏解,始不果行,然由是遂不加青睐,绝鲜差委。公天性阔达,初未介怀,惟诵:"我虽不杀伯仁:伯仁由我而死"两语,若甚自疚。尝语人曰:"越中自明季以还,宿儒大师,先后讲学,隐托经义故训,藉严华夷之辩。光复之谊,涵濡于后学者至深。革命说兴,其迎而与合者,大抵皆优秀分子,纵罹法网,犹将宥之于世;至若谳狱不具,本无死法。扼于权要,未由平反,人虽亮我,其如良心责备何!"闻者或慰藉之,而公终不释然,痛愤之余,渐萌以身殉道之念。居恒将先大姐遗墨"秋雨秋风愁煞人"七字,密藏勿失,观无人在侧,则注视默诵,每致涕下。如是者日三五次以至七八次,视同常课。既不以示人,人亦未敢索阅。一日,公忽跃井图自杀,因躯体丰腴,井口径不盈尺,弗能遽下,为人援手得不死。越数日,又突至后圃,结绳老树,正欲投环,为厥配韩夫人所觉,蹑踪而至。公自知死无法,佯若不审,掉头而出。自是家人防范益严,跬步不敢远离。然公死志已决。卒于九月二十三日上午九时许,自缢于旁舍,享年五十有三。去大通党案,只百余日耳!噩耗既传,识与不识,咸为太息,一时舆论,类集矢于张曾敭、贵福二凶,攻击不遗余力。处士横议,衾影滋渐,清廷廉悉彼等不复能安其位，爰调曾歘抚苏、抚晋，贵福守安徽宁国，讵先后并遭拒绝。论者谓晚清民气发扬，此其滥觞非无故也。曾歘离浙未几，抑郁而死。贵福终清之世，未能再起，鼎革后，更姓名为赵景祺。民国十五、六年间，曾一度在北政府外交部供差；近年似闻匿迹于傀儡国，犹图活动。老而不死，有“长乐老”之风。或以为天道无灵；或以为恶贯未满，是两说也，皆不能无疑，姑并存之。

公有子五人，长汝楷，次汝□，早殇；三汝权，四汝椿，五即江秋；女二，适王，适刘。戊申(1908)春，汝权、江秋惧旅途久淹，无以妥先灵，谋归其丧。而公宦橐萧然，仅余债累。典鬻衣物，久而后行。韩夫人恸公居官清廉，赍志以没，营斋营奠，尽礼尽哀。丧葬讫事，家中日以窘。亲督诸子，且耕且读，尝以善继先志，毋堕家声相勖。今年已八十四岁，康强如恒。江秋供职会垣，板舆迎养。其余诸了，皆在籍，力田自给，安义守命。乃知廉吏有后，固信而足征焉！江秋能读父书，比年致力新闻事业，担任京沪、平、津各报驻济记者有年，颇负盛名。现任山东《民国日报》社长。公遗着有日记十余卷，《浪吟草诗稿》一卷，《西行偶笔》一卷，皆待梓。叙述至此，有一事差堪慰公于泉下者，不可不记。当民国元年六月六日，浙中大吏拨给公产为先大姐营建专祠于西湖。秋社同人,以公为大通堂案而殉身,例得附祀,询谋佥同,遂设神龛。春秋致祭,来格来歆,在天之灵,庶无遗憾乎!

《国闻周报》第14卷,第22期,1937年

记徐寄尘女士

秋宗章

西湖秋社常务委员徐寄尘女士，于本年（1935）七月十二日酉刻（约18时）长逝。革命同志又弱一个。识与不识，同此悲伤。女士为两次营葬先大姊璿卿首事之人，又于光绪戊申（1908）首先创议组织秋社。几经颠沛，矢志不渝。比年颓景渐侵，养疴湖上。甫逾下寿，遽谢尘寰。薄海兴嗟，岂惟私恸！爰为选言录行，笔之于书。文不足传，聊代哀诔云尔。

女士名自华，字寄尘，号忏慧。浙江崇德县（今桐乡县崇福镇）人。生于同治癸酉岁（1873年5月20日）。幼颖慧，从其舅马彝卿先生读，十岁即解吟咏。稍长，博通经史，为诗文词特工。光绪壬辰（1892），大父亚陶公官安徽庐州府知府，女士随宦，每代阅童生试卷，品评等第，罔不惬当。亚陶公尝叹曰："是女倘投身作男儿，必木天中人也！"时女年才二十云。《忏慧词》有《巢湖舟中守风》调寄《菩萨蛮》云："连朝怒吼东风急，推蓬倚处愁如织。两岸苇萧萧，乡关望眼遥。石尤何太苦，抵死留人住。更有助凄清，江洲寒雁声。"又《连日守风，寄书乏便》调寄《城头月》云："浣花笺写簪花字，欲把离愁寄。可奈迢迢，东流不断，一碧庐江水。"

无由觅个传书鲤，又是黄昏矣。几许乡心，满怀诗思，笛声吹起。"虽为少作，其才情已可见一斑。越二年(1895)，于归南浔梅氏。生男子子一，曰馨；女子子一，曰蓉。梅于南浔为巨室，阶籍门荫，席丰履厚。梅君才不及女士，嫁后，不无天壤王郎之感。顾闺房静好，琴瑟犹未异趣。婚七载，不幸梅君捐馆，寡鹄孤雏，形影相吊，因作悼亡诗若干首，以抒其怨。又有《满江红》词，题为《雪夜课儿，感从中来，爰赋长调》，词云："大地茫茫，看白战□终宵未歇。帘卷处，彤云密布，朔风凛冽。世界三千都变玉，霜闺一色空疑月。唤娇儿且读旧楹传，柔肠裂。熊丸课，期望切；三迁教，惭难及。叹凄凉身世，那堪重说。旧事已随流水去，新愁只付鹃啼血。剩寒宵百感上心头，乾坤窄。"盖把块不开，剔目见志，人生之厄，亘古难俦。言为心声，每于不自觉中流露也。

女士天性纯挚，尤服膺旧礼教，躬行实践，不稍缅越。君舅疾笃，尝刲股和药以进，浔人竞颂其贤。寻以尊人杏伯先生晚岁多病，母夫人又早衰，终鲜兄弟，温情有亏，由是归宁，奉亲守节。光绪丙午春，浔绅张弁群等创为浔溪女学，聘女士主校务，时先大姊璿卿方归自东瀛，道出沪江，以嘉兴褚慧僧先生之介，往执教鞭。女士一见如旧相识，同事两月，雅相怜爱。尝读先大姊诗稿，有"如何谢道韫，不配鲍参军"，戏旨其恉，姊太息不语，女士亦为怃然，亟命酒共酌。女士量窄，不能胜蕉叶。醉后姊歌，女士和之。缅怀身世，弥怜同病。自此遂订生死交，亦加入革命同盟会。《忏慧词》有《感怀用岳武穆韵》一阕，调寄《满江红》云："岁月如流，秋又去、壮心未歇。难收拾这般危局，风潮猛烈。把酒痛谈身后事，举杯试问当头月。奈吴侬身世太悲凉，伤心切。亡国恨，终当雪；奴隶性，行看灭。叹江山已是、金瓯碎缺。蒿目苍生挥热泪，感怀时事喷心血。愿吾侪、炼石效娲皇，补天阙。"慷慨悲凉，不亚武穆原唱。出诸闺阁中人，盖尤为仅见也。

是岁（1906）秋，先大姊与女士游杭，同泛西湖，因结埋骨西泠之约，后死者任其役。当时第为戏言，亦不计及后此之践诺否也。女士有从弟京卿，于杭垣大井巷口开设晚记衣庄，女士至杭，即下榻于此。先大姊尝往访晤，酒酣耳热之际，议论飙发，辄惊四座。庄中执事伙友，习闻革命之说，渐亦倾向排满。会女士丁外艰，仓卒返崇。先大姊则去沪，创办《中国女报》，原拟筹集万金，自办印机，以期永久。讵事与愿违，款难猝集。女士闻之，慨捐千金。其弟蕴华，为先大妹执教浔溪女学及门弟子，亦出私蓄二百金为助。《忏慧词》有《送秋璿卿妹之沪，时将赴扬州》调寄《金缕曲》云："送子春申去。好无聊做愁天气，风风雨雨。萍梗江湖成浪迹，十事九同意忤。谁解得用心良苦。仆仆尘劳嗟不已，问今宵别后何时聚。君去也，留难住。"

光绪丁未(1907)春间，先大姊为光复军事，奔走甚劳。又以运动金处府属之秘密会党加盟，业已成熟，与徐伯荪先生约，皖、浙两地，克期大举。布置就绪，而费用无出。且以孤注一掷，未易逆睹。葛岭之契，不可不作最后之诀。爰迂道至崇德女士家，小作勾留。谈次深以饷绌为虑，女士私倾奁中饰物，得黄金三十两悉以持赠，姊感甚。濒行，脱玉条脱一双，留为纪念，慨然曰："此别茫茫，良觌无日。脱令事败，必以身殉。倘逢枫林月黑之时，姊其为我赋大招乎！"女士闻言，为之惨然。顾义不能留，相与握手珍重而别。事详女士所撰《返钏记》，予已采入《六六私乘》矣。

是岁(1907)夏正五月二十六日，徐伯荪先生发难皖江，事败死之。虏酋电伪浙抚张曾敭，转饬伪绍兴府知府贵福，查抄徐氏所设绸庄，又拘禁伯荪先生尊人梅生先生于会稽县廨。绍兴劣绅某某为虎作伥，上书告密，遂有围搜大通之祸。先大姊被逮，于六月六日昧爽，就义于轩亭口。先是，寄尘女士应女友之约，避暑西湖，贻书于先大姊，促即至杭晤言。书发而噩耗踵至，女士恸哭致疾，为文祭告。结尾数语，最为沉痛，如云："子固先逝，我岂长存？何敢不达，涕泪纵横。惟其文字之契，相知之深，感念平昔，能不忘情？子生明敏，死必英灵。魂兮归来，以慰余心。"全文曾刊沪报。此外又有《明月生南浦》词一阕，系以小序云："中元之夕，独坐望月。家妹既病，又闻佚耗，怆然感怀。回忆前游，恍若梦寐，即寄巢南。"词云："莲衣初褪秋光早，云破长空，又见蟾光皎。别后益怜相聚好，西湖放棹烟波渺。黄昏庭院忧心悄，剩得而今，独自伤怀抱。回首前游如梦杳，画屏倚看疏星晓。"

先大姊既被难，遗骸由善堂草草收殓，藁葬于卧龙山麓。三尺桐棺，凄凉野祭，鬼雄不灭，毅魄难安。先兄徕绩伤之，以重金雇夫役数人，潜移厝于常禧门外严家潭丙舍。初意稍稽时日，即当卜穴祖茔之侧，永固佳城。事未果行，女士忽于暮冬之月，风雪渡江，枉过寒舍。具言已约桐城吴芝瑛女士，购地西泠桥畔，为营兆域，漆灯留待，手不土以书。庶几赵氏冬青，匆伤暴露。先兄诺之，克日遂发。女士与余家初无渊源，即与先大姊谊同骨肉，家人亦茫然不知。今兹冲寒跋涉，孜孜焉惟夙诺是践，凡有人心，自无不怆感。予时年才十二龄，忆女士来越，一主一婢，问关西度，勾留三日，一舸赴杭。当时情景，犹历历在目也。

芝瑛女士宿疾未痊，淹留上海。营葬事者，除予兄及寄尘女士外，芝瑛女士橐砧无锡廉惠卿先生，实始终其役。女甥王灿芝辑《秋侠遗集》，附印先大姊灵柩停厝时摄影，圹前左立第一人为惠卿，次即先兄徕绩，右立三人，则已忘之。墓成，寄尘女士撰表，芝瑛女士书丹，今树立秋祠左壁，犹完好如此。墓碑亦芝瑛女士所书，初题为“山阴女士秋瑾之墓”，延刻石名手蒋品三镌镂贞珉。既成，弃置弗用，别书“呜乎鉴湖女侠秋瑾之墓”，立诸墓门。此事最触满奴之忌，不一年而祸作矣。

光绪戊申(1908)正月，女士创议组织秋社，被举为社长。尝假西湖凤林寺开会，杭州驻防闻人贵翰香闻讯，亦往参加，起立演说，对于先大姊颇有微辞，女士抗辩甚烈，不欢而散。六月六日，为先大姊成仁周年，女士拟集同志二十余人私祭，事泄未果。是岁夏奇热，女士与同怀女弟蕴华，从弟景卿，赁西湖刘果敏公祠（即今秋社）临湖小楼避暑。大通同人竺酌先、王季高（即王金发）、姚勇忱诸君，尝往晤谈。先兄徕绩，则别赁孤山民居下榻。相距咫尺，踪迹尤密。讵因此谣诼纷起，为官中所侧目。浙抚密遣差弁数人，佯为游客，至祠侦察。适竺、王诸人俱未来，景卿旧有烟霞之癖，高据一榻，吞吐自如。侦者睹状，语其同侪曰："误矣，岂有革命党而腐败若此者乎？"回院复命，事遂获解。翌日，朱介人来，笑谓女士曰："昨日大险，君等知未？"女士愕然。请曰："子言胡指？"介人因俱言颠末，盖彼有友供差抚院，与闻其事，故知之甚悉也。越三月，遂有满御史常徽奏请平墓之事，并下通揖吴、徐之令。女士得讯较早，避地海上。密遣女弟蕴华返杭，晤同志朱介人，收藏秋墓之碑。而先大姊灵榇，先由吾兄迁越，既而湘潭王氏，专丁运湘，与姊婿廷钧合葬。初以为埋骨西泠，将成虚愿矣。洎辛亥武昌起义，浙省相继光复，王季高任绍兴军政分府都督。十二月中旬，女士与吴江陈去病至绍，假大善寺开追悼会，素车白马，备极荣哀。去病登坛演说，对于丁未告密之劣绅某某等数人，大肆讥弹。闻者鼓掌和之。女士濒行，访季高及军政分府总务科长黄介卿，搜集旧府廨之档案，所有大能全卷四宗，俱携归秋社保存。中有先大姊手书《光复军军制军规》《革命论说》，尤堪宝贵，今犹什袭珍藏。翌年，民国纪元仲春之月，秋社同人会于湖上，陈英士先生首创重营秋墓之议，女士力赞其成，询谋佥同。遂委托家二姊佩卿赴湘迎榇。西湖风林寺僧自愿捐地亩许为茔域。平墓旧址，则构风雨亭，藉供凭吊。

会浙江临时省议会议决，抗拒太平军之清政府功臣刘典专祠，应没收充公。由浙江都督伯器先生核准，改为"鉴湖女侠祠"。屋宇废旧，拨公帑千余金，鸠工庀材，量加修葺。其临湖小楼五楹，改为"秋心楼"。秋社即附设于是。民国二年，先总理与陈英士先生来杭，躬亲莅临致祭，题赠"巾帼英雄"匾额，并面允担任秋社名誉社长，嗣又撰题楹联，属胡汉民先生书之，现在秋祠悬挂。

是冬（1912 年冬），女士赴沪，创办竞雄女学，为先大姊留永久纪念。所聘教师，如胡朴安、叶楚伧、庞檗子、陈匪石、陈去病、潘更生诸先生，皆一时胜流。癸丑二次革命失败，诸同志亡命海外，资斧无出，女士量力倾助，虽脱簪珥不恤。姚勇忱先生为浙督朱介人所害，陈尸市曹，无敢收殓。女士遣许君去杭，经纪其丧。其任侠好义类如此。民国五年，洪宪僭号，滇黔起义，浙省亦为变相之独立。惟苏督冯国璋则首鼠两端，犹奉伪朔。民党同人极为愤慨，群聚竞雄女学集议，图占苏州，以胁金陵，女士与陈去病实为谋主。辟室苏台旅馆，发纵指示。苏州警察厅长某，事前已有默契，既又悔之，知会军警，围苏台旅馆数匝，将加逮捕。去病籍吴江，能作吴语，乔装遁去。女士几不免，赖有急智，藏图记旗帜于亵服，自侧而出，亦获免脱。以受惊过度，后此遂成怔忡之疾，终身不瘥。

民国九年（1920），先总理复返广州，膺非常国会选举为大总统。女士与去病亦偕同赴粤，旋奉总理之命回杭，为苏曼殊大师营葬孤山，其墓地即由女士捐赠。时秋祠已为刘典子侄所管，官僚军阀狼狈为奸。女士虽太息痛恨于先烈不祀，顾力勿能敌，但能隐以竣事。积忧多疼，抑郁寡欢，坐是气体亦稍稍衰矣。

民国十六年（1927）春，国民革命军底定东南。女士亟集社员，联名呈请恢复秋祠。当经浙江政务委员会令行杭州市政府查明发还，由公安局派员于六月六日会同接收。此事原可定局，讵刘氏犹未折服，一再渎呈政府，为万一之想。其呈文措词不检，诬女士为霸占。官中以某种原因，亦有为左袒者。女士愤曰："青天白日之下，脱令先烈祠宇，弗克保存，则革命之谓何？"因尝询问社友："最高当局有无来杭确讯，届时当负秋侠栗主，晋谒层宪，为先烈请命。必得当乃已，不则宁与祠共存亡。任听若辈所为，拼以颈血溅阶石，庶足对故人于地下。年逾六十，死不为夭。更有何事，不能勘破乎！"闻者或婉词慰藉，而女士义愤填膺，终非口舌所能解。初拟力疾晋京，以孱躯不支而罢。复遣亲信为代表，伏枕上书，致行政院长汪精卫、中委叶楚伧两先生，请予主持公道。会今浙省府黄主席视事，遍查档案，衡情酌理，于刘氏所请严予驳斥，秋祠幸得保全。予得讯较早，亟飞函相告。时女士已病榻支离，犹强起展读，为之开颜。自是日渐沉笃，药石无灵。延至七月十二日，遂至大渐。是日气候甚热，上午犹命侍儿扶挈，倚卧藤榻纳凉；午后忽剧变，至酉刻而长逝，享寿六十三岁。临终神志清朗如常，嘱咐身后未了之事，条理井然。兹录其亲笔遗嘱如次：

"生圹于民国四年（1915）做在孤山之麓，近复修理，早已舒齐。自民十八年（1929）省府议决，此地为禁葬之处，发生重大问题矣。虽云已做者不迁,但究不知余柩能葬否?此事务祈秋社诸社友,联名电行政院力争,或上呈文,并信致叶楚伧、柳亚子两君,务恳鼎力帮忙。能达到目的,始慰余魂于地下。否则无钱再营坟墓,只有火化余棺在生圹前,此坟作为衣冠墓矣。”

“碑墓上可写‘忏慧词人徐自华之墓’。墓志铭已面恳柳亚子先生椽笔,柳君已面允。并亲奉三羊开泰端砚一方,贻为润笔也。如柳君文迟迟未来,可着亨利催之。”

“余之墓志铭已请定柳亚子大笔,但半生历史睢吾妹小淑知之独详,请其亲撰行述,并由妹氏出名。”

“余之诗稿,归小淑收去整理,寄与柳亚子收藏。诗稿下边有九成宫帖一部赠与马达生侄作纪念。”

女士文稿无专集,散见南社丛刊。就中以《鉴湖女侠墓表》《祭秋女士瑾文》最为脍炙人口。《听竹楼诗稿》已见遗嘱。惟其女弟所裒集者,俱为女士三十七岁以前旧作,近三十年所为诗文,殆已随手散弃,无法搜寻。又有《忏慧词》一卷,光绪戊申(1908)避祸海上时,由吴江陈去病校订付梓,刊入《百尺楼丛书》中,综其一生心血,所留仅此而已。

西湖秋社之成立,远在清季光绪戊申(1908)。惟以专制政体,禁止集会,秘密组织,知者甚稀。自人民国,始公开进行。女士身任社长二十余年,辛苦经营,心力交瘁。今年夏间,女士自念年力就衰,不欲独任其难,爰提议改组为委员制,于六月六日召集社员大会,推选执行委员、监察委员各若干人,又互推常委员五人,女士亦与其列。两次执监联合会议,虽弗能扶病出席,然仍亲笔签到,会后询问决议各案。迩来秋社预定计划,拟筹集巨款,创办女子图书馆。女士闻之,极为赞同,犹遗书留致王孚川,褚慧僧、姜心白诸先生,首先助款,以促其成。清季平墓故址,于民国初年营建风雨亭,年久为白蚁所蚀,致遭倾圮及瘗荸。数年前女士发起募捐重建,以款难猝集,迟未兴工。女士已独立募得三百余金,专款存贮,留以有待。自上年冬间,秋祠发生纠纷,函电交驰,派遣代表,舟四邮电,耗费不资,不得已暂挪此款济急,原拟事定别筹抵补。讵自入春以来。女士病日益亟,此事随成虚愿。虽以公济公,情有可原,而女士则自谓三十年来,经手秋社之事,一无瓜葛。留此痕迹,人纵不我责,于心终不无耿耿。故弥留前数日,犹举以语舍侄壬林云。

女士同怀姊妹凡二人,俱颖慧能诗,有不栉进士之誉。其尊人杏伯先生,风流蕴藉,有名士气。尝于所居月到楼中,授女士以昆曲，杏伯先生挟笛，女士与义妹吕韵清合谱“赏秋”等阕，丝竹达旦，不亚霓裳风景。女士从姊兰湘，为从父蓉史先生季女，长女士一岁，从妹学诗，互相酬唱，年二十一而亡。遗集《度针楼诗稿》，经女士手订，附《忏慧词》后行世。女弟蕴华，有《双韵轩诗草》，亦清丽可诵。适闽侯林寒碧，婚无几时，寒碧在沪江马霍路为汽车所撞，伤重殒命。姊妹身世，如同一辙。岂红颜薄命，已成公例。抑清才如许，丰兹啬俄，理弗能双欤？问天不语，此恨绵绵。言为心声，诗以言志。故《忏慧词》《双韵轩诗草》，所以多苦语，而出于自觉也！尤不幸者，其爱女蓉，智慧早殇，女士哭之恸，晚年犹未忘情。哲嗣馨，供差无锡县政府。虽隔衣带水，交通颇便，而老年念子綦切，不忍远离，犹冀就近获一枝栖，俾便定省。数以此意浼中委某公道地，诺之而久未报命。及女士疾笃，哲嗣先期假旋，送死大事无缺，意者此即所以弥补缺憾欤？

综其一生遭遇，在在拂逆，几非恒人所能堪。幸天性旷达，不欲效寻常儿女子态，用能参加革命，奔走国事。苏台旅馆一役，尤卓卓可传。爰为诠次如右，以备异时史官之采择焉。

（作于 1935 年）

附:《湖上散记·秋狱》

陈小蝶

徐锡麟事败,谋求同党,密申捕秋瑾。绍兴府贵福因与秋瑾有旧,下柬邀秋瑾入署,欲就席间捕之,而瑾已觉,逡巡不往。贵遂发兵围大通学校,死数人,搜得之。亲坐堂,行列炬如昼,刑索锒铛相闻。时瑾衣睡衣,楚楚可怜。然自恃与贵福相识,冀不死。贵福则视为奇货,意存周内,遂不得其供,即定狱。方其受鞫,只供一秋字,贵福即曰:"止! 汝供宁足证实。"即命拉下。发县狱看守,自提伪供,星夜渡江,见臬司,欲扣抚辕。臬司以为夜分过子,恐不得见中丞。而贵福以为不世功,又恐迁延纵变,求臬司手草数语,因见中丞。中丞大惊,绕屋走,手足无措,以电话询路总办汤蛰仙,问:"秋瑾如何人?"曰:"革命党也!"遂议定就地斩决。

秋既入狱,至明日薄暮,喘息粗定,自以为贵福恋旧,无事矣。求解刑具,具纸笔作书。忽门外人声鼎沸,唤启门。门辟,灯光烛天,兵士列队如临敌。秋足□,战栗不能一言,泪簌簌如线,兵士嚄唶之。秋悲曰:"汝暂息灯,客我凝神片刻,有语问县官。”县官至，秋问：“弱女究犯何罪至此？欲一见贵福，死无憾！”县官曰：“汝冤，吾固知之。然贵福必欲杀汝，汝不知耶！”秋遂不言，咬牙有声，乃与县官约三事：请作书别亲友；临刑勿去衣；勿枭首示众。县依违之，即有兵前后拥掖。秋忿曰：“吾固能行，掖何为？”至轩亭口，复云：“客我一望，有亲友来别我否？”张目四视，冥然深夜。复闭目曰：“命夫！”遂遭戮。其死，以手抱颈，箕踞，形如伏蛙。宗族惧连坐，莫敢收。桐城吴芝瑛极称其冤，以为秋瑾虽曾负驰□之材，而实无革命之想。乃鸠资购隙地西泠桥畔，葬焉。御史常徽摭以入奏，以为悯刑辜法，莫过于也。有旨平墓，严拿吴芝瑛、徐寄尘等。群议兴作，苏浙交电，视为大敌，而廷旨莫挽。卒赖美教会庇说，始逮免。秋墓平废。革命后，乃稍稍修葺之，尽复故观，构亭其西，曰：“风雨亭”。其书悉出于芝瑛夫人，则俨然又以瑾为有功民国矣！夫革命之际，其事有难言者。瑾之狱，无论矣！而芝瑛又声称此竟重于天下，侯官严几道后云：“人为有义而无所牺牲，不分艰难而令名可以坐享，则其事无待于贤者，此之与廉夫人之事所为重有感也！”……

（《越风》第八期）

秋女侠史实考正

秋宗章

从吴一飞先生处借得《大风》旬刊合订本一册，看到第十五期冯自由作的《革命逸史》二集《鉴湖女侠秋瑾》，和陶在东作的《苗山今昔谈——秋瑾遗闻》两篇。所记先姊的轶事，大体是有根据的；但错误的地方也很多，仿佛有纠正的必要。否则“以讹传讹”。大家认为信史，年湮代远，反把事实的真相模糊了。

以下每一段先引证原文，再加上个人意见，来作纠正。

《革命逸史》二集《鉴湖女侠秋瑾》

（一）“秋瑾……浙江会稽人”。——按：绍兴府城附郭有山阴、会稽两县，我们家里世居距城二十里的福全山，籍隶山阴，并不是会稽。

（二）“自幼许婚于湘人王廷钧……年十八出嫁”——按：先父于光绪乙未、丙甲间，奉委办湖南湘乡厘金局的差使。湘乡是曾国藩的故乡，因为湘潭王氏和曾氏亲戚，这时候有国藩的后裔，为两家作媒妁，才订婚姻，并不是自幼就许配的，又先姊出嫁那年是二十二岁，也不是十八岁。

（三）“渐与王意见不合，经同乡戚友陶大钧、陈静斋为之和解，不得，乃相与定约分家产。”——按：陶大钧（均），字杏南。即前河北省行政督察专员陶尚铭之父。因我们有一个堂房的姑母，是嫁给陶氏的，所以同杏南也可以叙戚谊。陈静斋是现在福建省主席陈公侠之父，在旧京做某银行的买办。陶、陈两人居间劝解是有的，但没有分产。其时翁姑健在，兄第同居，完全是大家庭制度，还轮不到小夫妻分产。

（四）“与敖嘉熊……诸友相交，由嘉熊荐充浔溪女学校教员。因与女学生感情不洽，辞去。”——按：这件事我从前听嘉兴褚慧僧先生（辅成）谈过，先姊的担任浔溪女学教员是慧僧先生介绍的。敖嘉熊也是嘉兴人，大约因此误传。先姊同学生感情都很好。同绍兴的时候，还带一个孤苦伶仃的女学生吴珉（后改名惠秋）同来。真到三十三年先姊就义后，才离开我家。

（五）“浙人董鸿祎方在南洋爪哇办学，招同学往助。……瑾亦有行意。陶成章、龚宝铨力止之。瑾乃倡设《中国女报》。”——按：先姊留东时，曾经和同志创办《白话》报于东京，宣传种族革命。记得陈天华的《猛回头》，就在这报里发表。出版六期，就停刊了。我本来藏有全份，可惜前年冬间离杭时来不及带出，怕已未必能保全了！先姊自辞去浔溪女学教员后，就集股在上海创办《中国女报》（只出过两期），其用意当然还在宣传革命。但因环境关系，论调比较隐晦。这是一种预定计划，不见得改变方针，曾到南洋去办学。

（六）“最信任之会首为……武昌周华昌。”——按：“武昌”是“武义”之误。

“光复会职员以七绝诗为表记，诗日：黄祸源溯浙江潮，为我中原汉族豪，不使满胡留片甲，轩辕依旧是天骄。”——接：“黄河”误作“黄祸”，“卫我”作“为我”，“满胡”误作。胡奴”，“华胄”误作“依旧”。

（七）“绍兴党人裘文商”——按“裘文高”误作“文商”，“嵊县”误作“绍兴”。

（八）“初四日……瑾束手就擒，……遂于翌晨四时就文子轩亭口下。”按:先姊于六月六日寅刻就义,我从《六六私乘》中已经辨正。受业师王子余先生曾经谈起,他的亲戚杜口庭君,(忘却一字)其时做绍兴警家局巡官。初六日五末寅初,奉到紧急命令,派在轩亭口担任警戒。先姊就义,为彼所目睹,当然很可靠。原文的“翌晨”是错的。

(九)“瑾既被害,暴尸道路,无敢收葬者。其女友徐寄尘,吴芝瑛等,收其遗骸,葬之西湖。”——按:先姊就义后,贵福还想株连家属,我同先兄避难在平水广孝寺,虽得恶耗,无法去收殓。这是很痛心的事！当时由善堂草草棺殓,弃量于府山山后。这年冬天,贵福离开绍兴,先兄才雇人秘密搬柩到城外(严家潭)暂殡。过了两个月.快到年底了,徐女士到绍兴,才迁柩营葬西湖。原文太简略,有点象徐、吴收尸,这与事实是不符的。

(十)“满御史常徽上疏请夷其冢。清吏恐激民变,乃阴嘱其兄桐出名迁柩,以还绍兴。”——按:先兄名誉章,字徕绩。先从叔名桐豫,字青士。原文“其兄桐”。实是张冠李戴。当先姊营葬西湖以后,因为先从叔正在黑龙江做提法使,所以先兄就到黑省去谋事。隔了几个月,满御史常徽上疏,清廷就命浙江巡抚增子固(韫)平墓。子固做过一任奉天府尹,同先从叔有同寅旧谊,私人感情很好。而且同时清廷命两江总督端方逮捕吴芝瑛、徐寄尘。吴女士的丈夫廉惠卿(泉),听见风声不好,赶紧把几种宋拓碑板,送给端方。端方向来有好古癖,平空受了这样重礼,如何能不帮忙?就把这件大案暂时压住;一面授意增子固,叫他写信给先从叔,逼令先兄回浙迁柩,事后就马马虎虎以遵旨平墓了案。原作"清吏巩激民变",这是没有的事。试想专制时代。一纸上谕。要做就做,"铁路国有"攻策,尚且不怕民变,这种渺乎其小的事情,还值得注意么?

(十一)"瑾死时年三十一"。——按:先姊生于光绪元年,就义那年是三十三岁。

苗山今昔谈《秋瑾遗闻》

(一)"其走人革命之途,由于天壤王郎之憾。"——按:先姊的从事革命,其动机是不是这样简单,这里我不想多说;只要把徐自华女士《鉴湖女侠墓表》、陈佩忍《鉴湖女侠小传》以及先姊在未出国前所做的诗词,来研究一下,就可以证明"由于天壤王郎"是无根据的了。

(二)"随宦生长湖南,口音习惯纯乎一湖南人也。"——按:先姊随宦湖南,已在及笄以后,并不是"自幼生长"。至于口音习惯,在我的记忆里,觉得始终还是保存着浙江人的本色。

(三)"其尊人……光绪初年司湘潭榷务。"——按:光绪初年,先君还在福建,随侍先祖。十五年以后,由台湾到湖南。二十年前后。才办湘潭厘金。

(四)"字璇卿"——按"璿卿"误作"璇卿"。

(五)"王子方湖南湘乡县人"。——按:"子芳"误作"子方","湘潭"误作"湘乡"。

(六)"宁河王筱航……投拘步军统领狱。女士与筱航元素,以廉惠卿介绍,入狱存问,谈甚洽。适王有所恋爱欲完成而绌于资,女士倾囊中所有赠之。"——按:此事在吴芝瑛女士所作《鉴湖女侠轶事》中也有记载。据我所知,先姊同筱航虽未相识,但因为他是政治犯,表示同情,所以很慷慨的把所筹留学费,托狱吏转送给他,不告姓名而去。等到筱航出狱,四处探听,才明白究竟,不觉为之感泣。原作"王有所恋爱",这是毫不相关的。

(七)"大抵李易安管夫人之际遇,最所心羡"。——按:这一段最为原文之玷。在作者的意思,彷佛说先姊的革命,完全为闺房刺激,实逼处此。这种推测,就同"由于天壤王郎之憾",一样的不合逻辑。

（八）“营葬西湖……迁葬湖南结案”。——按：中间还有一段从西湖迁绍兴的故实，前面已经说过。从绍兴迁湖南，是宣统元年阴历九月间事。

（九）“秋祠改蒋左祠为之……民七、八年间，湘人讼将左祠为私人产有证据，浙省长齐耀珊判归原主，而移秋主于彭玉麐之‘退省菴’。又其后，仍以蒋祠为秋祠，此举予颇不谓然。崇奉先烈，应建新祠，因人之热不恭，夺人之有不义。”——按：湘人刘典，在前清同治、光绪年间，为左宗棠部将，在浙江境内，同太平天国军激战。等到洪杨失败，刘典不久也去世。其时左宗棠做闽浙总督，他的另一部将蒋益沣做浙江藩司。因此杭州的一班士绅，承风希旨，联名祟请在西湖拨给官地为刘典建立惠祠，建筑费用由浙江藩库负担。民国成立，浙江省临时省议会提议，把刘典祠宇充公，咨请政府执行，民政司长褚辅成先生就核准改充鉴湖女侠祠。这完全是政治关系，照说中华民国存在一天，秋祠当然也存在一天。可是不幸得很，袁世凯柄政，军阀和老官僚又到了黄金时代，凡是革命设施，在他们顽固的目光看起来，全是大逆不道，几乎全部应该推翻。于是刘典的子孙，具呈北京政府内务部，请求发还祠产，部长自然也是一鼻孔出气的人物，一纸咨文，浙江省长齐耀曙就奉命维谨，照样执行。这位齐省长前清做过湖北汉黄德道，也算是十足富于封建色彩的典型人物。总算不为已甚，同时把先姊的神主，也移到西湖忠烈祠去。这时候，言出法随，比君主专制时代还凶。西湖秋社社长徐寄尘一再力争，丝毫设有效力。直到民国十六年，国民革命军奠定浙江，政治重光，杭州市长邵元冲查明民国元年原案，仍然把祠产发还秋社。从此社务就一天发达一天，从来没有停顿越。又过了若干时候，湘人某公掌握浙江民政，刘典的子孙，眼见得西湖地产是有希望的宝库，死灰复燃，又想霸占。某公是很重乡谊的，在卸任的前几天，放一个起身炮，一纸令文，叫杭州市政府转饬秋社迁让。这一来杭州党政名界群起不平，联名呈请省政府纠正，又派代表晋京到行政院请愿。好在这时候，秋社里发见一方旧碑，很详细的记述刘典祠宇建筑的经过，足以证明私产是无稽之谈。院府两方俯从公议，才得取销成命。秋社社长王孚川先生在当时最敢仗义立言，本想把这一段经过事实，做一篇文章，镌勒碑石，可惜孚老去世，就一直搁置下来。只好等收复失地以后，再由社中同人负责去做了。

（十）“绍兴府知府贵福，曾延女士课其子女，又认其母为干娘。”——按:当大通学堂开学那一天,贵福的确亲自到堂,参加典礼,曾同先姊见过一次。此外并没有聘师、认母的事。

(十一)“贵福尝云:此案奉札后,曾赴省缓颊于张中丞”——按:贵福是大通党案的罪魁祸首,文过饰非,是完全不足信的。前清绍兴府关于这一案的卷宗,全部藏于秋社,我翻阅过数次,大概的情形,是江督据密探报告,有革命党人图谋在浙江起事,咨请浙江巡抚注意;不久皖江刺恩铭一案发生,浙抚饬贵福访查羽党。接着胡道南告密,贵福进省请兵,就发生六月初四日围攻大通学堂的事。

(十二)“抚院又派李道员,带来新军一排包围学堂。——按:浙抚张曾扬派的新军是第一标统李益智,大约有三百人,原文略有错误。以上所举的都是显而易见的错误。其中关于革命计划,各家记载不同,究竟谁是信史,我不敢“妄赞一辞”,只好不谈了。

(《身价集》,《胜利丛书》第一辑,杭州正中书局1941年版)

读《秋瑾烈士就义之经过》书后

秋宗章

本月十八十九两日，本刊揭载丽孙君大作，叙述先大姊就义经过，多为事实。惟其中数点，略有错误，用举所知，辄为补充如次。至详细记事之作，当俟诸异日矣。

丽孙君原文，首引国府褒扬令。谨按：先大姊就义垂三十年，德音未远，拱木日积。褒扬之典，犹付缺如。直至本年春间，西湖秋社改组就绪，第三次执监联合会议，始由鄙人以社员资格提议"秋先烈功在党国，应有本社呈请杭州市党部，层转中央，明令褒扬，以资观感。"其时浙江省党部监察委员王孚川，顾佑民，执行委员姜心白，前浙江民政司长褚慧僧诸先生在座，(俱兼充秋社执监委员)一致赞同，公推鄙人起草，辞不获已，勉拟呈稿报命。其文曰:“窃维轩亭就义,完大节于当年;镜水留芳,垂英名于万古。志同金石,烈比秋霜。不有褒扬,奚资矜式?鉴湖女侠秋瑾烈士,浙江绍兴人,系出世胄,匹配高门。家学渊源,才名藉甚。前清光绪甲辰,随夫北上,侨寓故都。目睹清廷文恬武嬉,君昏臣暗,政治腐败,国势阽危。迭经赔款丧师,犹复醉生梦死。榱崩栋折,覆压是虞。豆剖瓜分,祸至无日。遂隐以驱逐鞑虏,还我河山为己任。鬻珥脱簪,孑身东渡,考入实践女学校肄业。恨雌风之不竞,俯仰由人。望异域以来游,殷勤求学。明年乙巳夏。先总理由美赴日,组织革命同盟会于东京。除甘肃尚无留学生外,中国本部十七行省人士,罔弗参与。秋烈士被推为浙江分会长。中华民国名称,亦于此时定议。公布党纲,发表宣言,革命潮流,一日千里。乙巳,烈士返国,在绍兴办理大通学堂,训练下级干部,为革命军基本队伍。一面又躬亲奔走,运动秘密党会,次第参加,克期起义。距丁未五月,皖事遽败,祸连东越。烈士被逮,惨于六月六日在绍城轩亭口就义。竭身命以殉国,经夷险而一节。死事壮烈,罕于比伦。洎共和告成,旧日同志,既为营葬西湖,以安毅魄。复公同发起,组织秋社,藉资纪念。民国二年,先总理暨陈英士先生游杭,亲莅鉴湖女侠祠致祭,赐题‘巾帼英雄’匾额,见仍悬挂祠中,一字之褒,衮于华兖。名传不朽,潜德渐章。(余略)”文不足存,自谓据实敷陈,不稍溢美,则差为无愧,因附录于此。

先大姊东渡求学,时在光绪三十年三月,年已三十岁。丽孙君谓二十七岁,略误。惟据家嫂言,先大姊于光绪二十二年四月初五日嫔于湘潭王氏,时年已二十二岁,而执柯者误传为二十岁,后此以讹传讹,迄未更正。故三十三岁就义,而桐城吴芝瑛女士所撰小传,乃误为三十一岁也。东渡歌第六句,一作一顾彼豚犬诸儿安足伍,亦可通。又第十九句为“每闻鼓鼙声”,非“鼙鼓”也。赴日途中之词,调寄“鹧鸪天”。

丽孙君原文最大误点,则为“徐锡麟烈士为表兄”一语。吾家与徐氏初无渊源,先大姊与徐烈士亦素未谋面。此事予于所撰《六六私乘》中,辩之甚详,(已登杭州《东南日报》)甲辰冬,会稽陶焕卿烈士(成章)至东京,先大姊始与相识。旋由焕卿之介,识徐烈士,遂加入光复会。至于大通体育师范学堂,原为徐烈士所手创,于光绪三十一年八月成立。自烈士入赀为道员赴皖,三十三年正月,始由先大姊主持。内部自教职员以次,及全体学生,皆为光复会会员。又另组体育会,广招金华处州旧府属党会头目入会,施以军事训练,六个月毕业,俾充光复军中下级军官。

丁未夏间，先大姊与徐烈士密约起事，初定五月二十六日，(或谓二十八日)在皖浙两地同时发难，会师金陵，继又改为六月初十日。不幸徐烈士刺杀皖抚恩铭后，事败垂成，与陈伯平马子畦两烈士先后被害。而绍兴劣绅又乘间向绍兴府知府贵福告密，遂有六月六日之变。先大姊卒为党国牺牲矣！

陈去病撰《鉴湖女侠秋瑾传》，末段云："贵福者，虏人也，闻之，急星夜渡江至杭州，白诸巡抚张曾敭。曾敭以汤寿潜，张美翊，曰'信'，遂遣兵往捕之，君用不免。……"按美翊，字让山，宁波人，为浙抚张曾敭幕友。汤蛰仙寿潜，则方为浙路公司总理，非抚幕也。蛰仙曾入祠垣，头脑顽固，平时□斥革命党为叛逆。大通一案未发生以前，贵福晋省请兵，便道往访蛰仙，蛰仙夙憾先大姊，力构陷之，既而曾扬又遣美翊微询意见，蛰仙复以晤贵福者语美翊，遂成是狱。光复以后，大通旧同志假西湖凤林寺，为先大姊开追悼会，蛰仙方任浙江都督，独不往参加。王季高(名逸，小名金发，嵊县人，癸丑二次革命后，为朱介人所害)登坛演说，痛斥蛰仙，其辞甚激，至欲取手枪往都督府，击蛰仙以泄忿，为人劝阻而罢。丽孙君虽言之不详，当确为事实也。

先大姊于六月初四日下午被逮，晚间由贵福亲鞫，翌日即不再质询。初六日晨在轩亭就义。(邹鲁之《中国国民党党史稿》,黄鸿寿之《清史纪事本末》,《浙江省情》之秋瑾小传,均误为初五日。关于此事,余有极可靠之文件,足以证明为初六日无疑,稍缓当另文宣布。)始终未受酷刑。惟河南程毅烈士,则被捕后,备受三木楚毒,卒至庾毙。丽孙君所记微误。

先大姊绝笔之"秋雨秋风愁煞人"七字,留传至今,已成为革命史料。惟近顷颇有人疑为伪托者,是不可以不辨。查绍兴府档案,浙抚张曾敭号电,致贵福云:"报纸中载,该匪(原文如此,姑仍之,存其真也),当堂书'秋雨秋风愁煞人'七字,有无其事?有即送核。"贵福复电云:"七字在山阴李令(名钟岳)手,已晋省。"可见此事之真实矣。

桐城吴芝瑛崇德徐寄尘两女士,于丁未十二月,为先大姊营窀穸于西泠桥堍。(今风雨亭故址)戊申九月二十三日,满御常徽奏请平墓,并请将吴徐严拿惩办。美国女教士麦美德,既为文刊于公历十月二十七号之《天津泰晤士报》,为鸣不平,而江督端方,以与吴女士藁砧廉惠卿先生有旧,力为开脱,始免于祸焉。

(《中央时报》,1946年)

附录：秋瑾年谱

一八七五年（清光绪元年乙亥）生

十一月八日（农历十月十一日） 秋瑾生于福建省厦门。初名闺瑾，小字玉姑，又字璿卿，号旦吾，东渡后别号竞雄，自称鉴湖女侠，笔名秋千、汉侠女儿。

原籍浙江山阴（今绍兴县）人，世居于县西南距城二十里之福全山（又名覆船山，今绍兴县五星人民公社），公元一八九一年迁到绍兴南门塔山麓和畅堂路北定居。

祖父名嘉禾，号露轩，同治壬戌（1862）补行辛酉（1861）恩科举人，官福建补用知府，历署云霄厅同知，厦门海防厅同知。是年四十四岁。

祖母俞氏,山阴人。

父亲名寿南,字益三,号星侯,同治癸酉(1873)科举人,官湖南郴州直隶州知州,署桂阳州直隶州知州。

生母单氏,浙江萧山人,长于文学,均随侍在任所。

庶母孙氏。

一八七八年(清光绪四年　戊寅)三岁

四月三日(农历三月初一日)　妹秋理生。(据秋珵的女儿王慰慈口述)

一八八四年(清光绪十年　甲申)九岁

七月　法国侵略者的军舰两艘,闯入福建闽江口,八月四日进犯台湾基隆骚扰,屠杀中国人民。二十四日,进攻马尾,中法正式宣战。秋瑾对外国侵略者非常憎恨,她曾对母亲说:“红毛人这样厉害,这样下去,中国人要成为他们的奴隶了!”(见秋高:《秋瑾轶事》)

这年,秋瑾的家庭由福建迁回到绍兴原籍。据秋宗章追忆:“数岁后返越,随兄就外傅,先妣单太淑人亦识字知书,督课綦

严;稍长,辍学习女红。”(见秋宗章:《关于秋瑾与六月霜》)

是年　秋瑾正式进书房学习。

一八八五年(清光绪十一年　乙酉)十岁

秋瑾的父亲益三时往台湾就任抚院文案。

一八八八年(清光绪十四年　戊子)十三岁

是年　秋瑾已能作诗,她读了《四书》《五经》和许多历史著作。在她写给侄儿秋壬林的信中说:“但凡爱国之心,人不可不有;若不知本国文字、历史,即不能生爱国心也。”(见《秋瑾集》页四十四)

秋瑾爱读小说《芝龛记》,对秦良玉、沈云英备极推崇。对西汉初年的著名游侠朱家、郭解尤其羡慕。她在《满江红》一词中说:“良玉勋名襟上泪,云英事业心头血。”(见《秋瑾集》页一〇六)

十二月　康有为第一次上光绪皇帝书,请及时变法。

一八九〇年(清光绪十六年　庚寅)十五岁

是年　秋瑾的父亲益三从台湾调到湖南常德厘金局任

总办。

一八九一年（清光绪十七年　辛卯）十六岁

秋瑾的祖父秋嘉禾于一八九〇年（清光绪十六年）十月二十五日任厦门海防厅同知，至次年（公元一八九一年）三月初二日，其职改由黄树珍接替，（见《鼓浪屿志采访录》）嘉禾于是年初夏，携眷离闽，回返绍兴故里，在塔山麓租了一所和畅堂房屋定居。

夏　随母到萧山临浦河上店单家小住，向舅父和表兄弟学习骑马击剑，跳高跳远，锻炼身体。

一八九二年（清光绪十八年　壬辰）十七岁

是年　秋瑾和她的哥哥秋誉章随母由浙江前往湖南，与父亲益三合居一处。

一八九五年（清光绪二十一年　乙未）二十岁

秋瑾的父亲益三，自签发湖南后，初在常德县当厘金局总办，后调湘潭，补郴州直隶知州。

是年　秋瑾由父母之命，凭媒人的说合，许婚于湘潭王廷钧。王廷钧的父亲是湘潭富户，是曾国藩家中的管账人，廷钧是他的幼子，小秋瑾两岁。

二月　孙中山、杨衢云等人组织兴中会香港总会。

四月　清政府与日本签订丧权辱国的《马关条约》，割让台湾。秋瑾的叔祖秋日瑾，时任台湾淡水同知，日寇占领台湾时，瑾领导台民，奋起抵抗，壮烈牺牲。

五月　康有为联合十八省举人一千三百余人，上书请拒和、迁都、变法；是为有名的"公车上书"。

秋　秋瑾的祖父秋嘉禾病殁于绍兴，父益三返里奔丧，数月后复返湖南。

一八九六年（清光绪二十二年　丙申）二十一岁

五月十三日（农历四月初五日）　秋瑾由父母之命与湘潭王廷钧结婚。

秋瑾夫妻间感情不好，经常吵架。在北京寄寓时，有一次秋瑾竟冲出王家的大门，出居泰顺栈，（见《致秋誉章书》之三）以示反抗，结果还是没有跳出封建的樊笼。

十月十六日（农历九月初十日） 幼弟宗章生。

是月 孙中山在伦敦被清政府驻英使馆诱捕，事为英国政府所闻，强使释出；十月二十四日恢复自由。

一八九七年（清光绪二十三年　丁酉）二十二岁

六月二十七日（农历五月二十八日） 子沅德（元德）生，名元深，字仲瀛，号父潭，亦号重民。

一九〇一年（清光绪二十七年　辛丑）二十六岁

十月七日（农历八月二十五日） 生女桂芬，字灿芝。

十一月二十六日（农历十月十六日） 秋瑾的父亲秋寿南卒于湖南桂阳知州任上。全眷旋即来寓湘潭。

秋瑾的兄弟们扶柩至湘潭，择地安厝，并在湘租屋作寓公。

秋瑾的母亲在湘潭城内十三总街道开设了和济钱庄，以维持生计。

一九〇二年（清光绪二十八年　壬寅）二十七岁

二月 梁启超创刊《新民丛报》于日本。蔡元培等发起成立中国教育会于上海。

是年 秋家在湖南湘潭所设的和济钱庄，因为所托非人，为经理陈玉萱任意侵吞，钱庄倒闭，秋家的经济陷于破产。

是年 秋瑾携子沅德随其夫王廷钧去北京。王廷钧捐官任户部主事。

十一月 上海中国教育会组织爱国学社。

一九〇三年（清光绪二十九年 癸卯）二十八岁

二月（农历正月） 秋瑾与吴芝瑛正式立誓结成“贵贱不渝，始终如一”的盟姊妹。秋瑾有《赠盟姊吴芝瑛》诗：“曾因同调访天涯，知己相逢乐自偕。”（见《秋瑾集》页七四）

二月 浙江留日学生创刊《浙江潮》杂志于日本。

五月 邹容所著《革命军》出版。

六月（农历五月） 秋瑾的母亲、大哥秋誉章和弟妹们由湖南湘潭迁回浙江绍兴原籍。秋瑾曾从北京南下回绍兴母家，当年仍返北京。她路过上海时，写了一首《重上京华申江题壁》诗，有“高堂有母发垂白，同调无人眼不青”句。

八月 孙中山在日本设立秘密军事学校。

是年 秋瑾曾到号称“燕京八景”之一的黄金台游览，写了《黄金台怀古》的七言绝句：“蓟州城筑黄金台，招士以财亦可哀；多少贤才成底事，黄金便可广招徕。”讽刺当时卖官鬻爵、贪污腐化的社会风尚。

是年 作《宝刀歌》和《宝剑歌》。

一九〇四年（清光绪三十年 甲辰）二十九岁

二月（农历元月） 与好友吴芝瑛签订兰谱，结为如胞姊妹。

二月 日俄战争爆发。

三月 秋瑾为筹备旅日川资，便将所剩陪嫁的首饰，托同乡陶大钧的日本妻子荻子去变卖。当她知宁河王照因戊戌变法牵连入狱，需要巨款得以获释，即将变卖首饰所得旅费的大部分赠与素未相识的维新派青年王照，作为运动释放之费用，但并未告其姓名。

四月 日本东西女子学校附设中国女子留学生速成师范学堂，并订章程二十三条。

五月 上海会审公廨改判章炳麟监禁三年，邹容两年。

五月 秋瑾东渡至日本留学。从上海趁轮船出国，日本友人服部繁子有事回国，与秋瑾同行。

夏 秋瑾到达日本东京后，初入中国留学生会馆所办之日语补习所，补习日语，她就住在骏河谷（徐双韵文中作“骏河台”）留学生会馆。

秋瑾与留日女学生陈撷芬等十人重组共爱会，改名实行共爱会，自任会长（一说会长是陈撷芬，秋瑾任招待。）

秋瑾致湖南第一女学堂的公函中阐明了共爱会的宗旨是：爱国、自立、学艺、合群，是为了“欲结二万万女子之团体学问”。

七月 刘静庵等于湖北武昌组织科学补习所。

九月（农历八月） 秋瑾在日组织演说会，发行《白话报》。

九月二十四日（农历八月十五日） 《白话报》创刊，秋瑾发表发刊词：《演说的好处》，并附《演说练习会简章》。十月二十四日（农历九月十五日）出版第二期，秋瑾发表《敬告中国二万万女同胞》一文。十一月二十一日（农历十月十五日）出版第三期，秋瑾发表《警告我同胞》一文（未完），十二月二十一日（农历十一月十五日）出版第四期，秋瑾继续发表《警告我同胞》一文。

《白话报》除在日本出版发行外，在中国上海望平街中国时报馆隔壁的《小说林》社设立了国内的总经售处。目前在各图书馆看到的有第一期至第三期。秋瑾以“鉴湖女侠秋瑾”的署名在一至四期上发表文章。杂志的内容充满激烈的反满情绪。

十月 黄兴等谋于湖南起义,事泄失败。

冬 蔡元培等在上海成立光复会。

冬 由亲戚陈静斋的关系,认识当时在浙江奔走革命的活动家陶成章于日本。

这年她开始写长篇弹词小说《精卫石》,第一回开头有四句唱词:“爱国情深意欲痴,偶从灯下谱弹词;已教时局如斯急,无奈同胞不知。”原稿共六回四册,现存三册。这是一部以争取男女平等倡导妇女独立自由为主题的小说。

是年 万福华刺王之春案在上海发生,黄克强、张继等十一人被捕,中外震动,设法善后。秋瑾在日闻之,捐款营救。章士钊在《书甲辰三暗杀案》一文中说:“本案爆发,革命阵营之中外同志,交相震动,尽可能设法善后,秋瑾即为此中捐款出力最显著之一人。”(见《文史资料选辑》第十九辑页一四九至一五〇)

一九〇五年(清光绪三十一年　乙巳)三十岁

一月 秋瑾回国一行,返浙江绍兴省亲,兼以筹措学费,并携归被夫遗弃的蔡姓妇人。

瑾归国,道出申浦,访芝瑛于小万柳堂,出新得倭刀示曰:吾以弱女子,只身走万里,往返者数,搭三等舱,与苦力杂处,长途触暑,一病几殆,赖以自卫者,惟此刀耳。芝瑛曰:关吏得毋疑妹为女革命党乎? 瑾笑曰:固知吾非革命党与! 酒酣耳热,拔刀起舞,唱日本歌;芝瑛命女以风琴和之。知瑾有光复志,虑事泄贾祸,屡示珍重,瑾颔别。”(见陈谧:《吴芝瑛传》)

四月 邹容死于上海狱中。

五月 清政府军机处命查禁《浙江潮》、《新民丛报》等书刊。

六月 秋瑾会见蔡元培于上海。回绍兴后又访问了当时在东浦热诚小学主持教务的徐锡麟,并由徐锡麟介绍加入光复会。

七月十五日(农历六月十三日) 暑假后,秋瑾再东渡日本,便卧病多日。时秋瑾已在日语讲习所结业,转入东京青山实践女校附设的清国女子速成师范专修科的师范班学习教育及工艺等科。

九月 清政府派载泽、戴鸿慈、徐世昌、端方、绍英,分赴东西洋各国,考察宪政。旋即改期缓行。

九月二十四日 吴樾炸五大臣于北京正阳门车站,未中,樾不幸壮烈牺牲。

九月 日俄战争结束，签订《朴茨茅斯条约》。

徐锡麟手创之大通学堂开学。

十一月 日本公布留学生取缔规则。清政府驻日公使杨枢，为了破坏留日学生爱国行动，勾结日本文部省公布《清国留学生取缔规则》。八千留日学生大愤，在浙江同乡会集会，讨论对付办法。时学生中分为两派：一派主张立即退学回国，另在上海办学，以洗日本政府取缔留学生之耻辱；另一派主张宜忍辱负重，继续求学，俟学成后归国。双方展开激辩，秋瑾与陈天华、田桐等主张立即回国。

十一月 《民报》创刊于东京。

年底 秋瑾离日归国，决计献身于革命事业。她回国后致王时泽信中表示："吾归国后，亦当尽力筹划，以期光复旧物，与君相见于中原。成败虽未可知，然苟留此未死之余生，则吾志不敢一日息也。吾自庚子以来，已置吾生命于不顾，即不获成功而死，亦吾所不悔也。且光复之事，不可一日缓，而男子之死于谋光复者，则自唐才常以后，若沈荩、史坚如、吴越（樾）诸君子，不乏其人，而女子则无闻焉，亦吾女界之羞也。"

十二月　湖南陈天华在日本东京大森海湾投海自杀，并留下绝命书一封，劝告留日同学，坚持爱国，奋斗到底。秋瑾后来以白萍的笔名，在《中国女报》第一期《文艺栏》内，发表两首七律，吊念陈天华。

是年　秋瑾在日本结识何香凝。

一九〇六年(清光绪三十二年　丙午)三十一岁

二月　秋瑾从日本回国返绍兴，在明道女学代了几天体育课。

南昌知县江召棠被法教士行凶致死，群众毁教堂，毙教士，是为南昌教案。

是月　章炳麟出狱，旋赴日本东京，担任《民报》编辑。

是年春　秋瑾等在绍兴建议设立学务公所，以促进绍属八县之教育事业，推蔡元培出任学务公所总理。(见蒋维乔:《中国教育会之回忆》)

三月(农历二月)　秋瑾得褚辅成之荐，至吴兴南浔女校任日文、生理教员，翻译《看护学教程》。并向该校师生宣传男女平等，学好生产技术，取得谋生的本领。

褚辅成(一八七三——一九四八年)字慧僧,浙江嘉兴人;曾任浙江军政府民政司司长,国会议员,浙江省自治法会议主席。著有《浙江辛亥革命记实》。

识石门徐自华(寄尘)及其妹蕴华姊妹,时自华任南浔女校校长。两人“一见各自倾倒,徒恨相见之晚。”

夏 秋瑾因南浔女校校董金子羽思想比较顽固,对秋瑾所作所为,散布了流言蜚语,因此她离开南浔去上海,筹办中国公学,准备发刊《中国女报》。秋瑾手拟《中国女报》之草章及意旨广告,先在《中外日报》刊登,提出办报宗旨,希望热心人士,慷慨解囊。

六月(农历五月) 秋瑾在上海会见孙中山,并代熊克武等筹措款项一千元转交于孙。

秋瑾在上海办《中国女报》期间,继续撰写长编弹词《精卫石》。她爱好苏州弹词,常至上海南市城隍庙的“豫园书会”听书并求教评弹艺人,书中主人黄鞠瑞(后改黄汉雄)就是秋瑾自己的化名,可惜此书没有完稿。

九月(农历八月) 秋瑾赁屋于上海虹口厚德里(徐双韵误作祥庆里),作为革命活动机关,与尹锐志、陈伯平(墨峰)、姚勇忱等组织锐进学社,联络各省同志。因制造炸药,失慎爆裂,秋瑾伤手,陈伯平伤目,机关被封闭,秋瑾暂回浙江绍兴隐避。

是月 清政府调端方为两江总督兼南洋大臣。

本月 秋瑾又回到上海,仍赁屋于北四川路厚德里。便道与徐自华同游杭州西湖。

九月二十九日(农历八月十二日) 徐自华的父亲病故,秋瑾到浙江石门吊唁,临行时自华以《金缕曲》相赠。秋瑾原拟赴扬州游览,未果,仍留在上海。

冬 秋瑾到杭州,在新军界中发展光复会会员,许耀、夏超、虞霆、黄凤之、张敢忱、吕公望、朱瑞、叶颂清、周凤岐、俞炜等均被吸收为会员。青年会员呼瑾为"秋先生"。

十二月 秋瑾在杭州,与吕公望同至白云庵与徐锡麟话别,时徐即将前往安庆就职。

同月 湖南党人至上海与秋瑾联系,准备在萍乡、浏阳等地起义,希望她在浙江响应,并负责浙江方面军事。秋瑾到金华、兰溪等地,运动秘密会党;这是她与会党最初的接触。后因萍、浏起义失败,浙江也暂告中止。

当时浙江各地主要会党有以蒋乐山为首的龙华会(总部在金华),以王金宝等为首的双龙会(总部在处州),以竺绍康为首的平阳党（总部在嵊县），以敖嘉熊为首的祖宗教（总部在浙江北部），都是民间一股的反清势力。

十二月二十九日（农历十一月十四日） 母单太淑人病卒，年六十二，秋瑾由沪回绍兴治丧。

十二月 母死葬殓后，秋瑾女装男扮，去杭州进行革命活动，住在过军桥南面路西荣庆堂客栈，准备同武备学堂和弁目学堂新军中的革命党人联系，也想适当吸收同盟会和光复会会员。

十二月三十一日（农历十一月十六日） 刘道一在长沙就义，卒年三十二。

一九〇七年（清光绪三十三年　丁未）三十二岁

一月（农历光绪三十二年十二月） 秋瑾在上海创刊《中国女报》，原定每月出版一期，后因集资困难，出两期停刊。

二月（农历正月下旬） 秋瑾再至诸暨、义乌、金华等地，运动秘密会党。

本月 偕徐自华至杭州，登凤凰山吊南宋故宫遗址，鸟瞰西湖全景，密侦城厢内外出入径道，绘为军用地图，以备起义时应用。髓后下山至岳坟，吊南宋抗金民族英雄岳飞，徘徊瞻顾，不忍离去。

经陶成章介绍,秋瑾开始与会党联络。

二月 许雪秋等受同盟会命,发动二次攻潮,遇雨受挫。

三月 广西钦州三那群众抗捐起义,刘恩裕组织万人会以抗清军,旋即失败,刘亦牺牲。

春间 秋瑾回到绍兴,与徐锡麟等同办明道女子学堂;不久,又主持大通学堂体育专修科,培养军事人材。秋瑾常穿男子服装,骑着马,带领学生到野外打靶,练习射击技术。

三月初旬 秋瑾再至诸暨、义乌、东阳、永康、缙云等地,函召各会党首领,入绍计事;并嘱至体育会学习兵操,以为准备;前后来者百余人。

秋瑾著《精卫石》曲牌脱稿,初寄日本王时泽,拟在东京出版,但未及付印,又索回修改,成为弹词。

春 秋瑾为了筹饷购械,曾回到湖南湘潭王家筹款,并视其所生子女,数日后即行返浙。

四月 秋瑾亲手拟订光复军制,与徐锡麟、竺绍康、王金发、马宗汉等开会商讨通过。

五月 余继成发动潮州、黄冈之役失败。

六月(农历五月初) 绍兴党人裘文高召台州义军由东阳至嵊县,扎营西乡廿八都村,树革命军旗帜,随与清军交战,杀死清军哨官数人和士兵数十人。

是月 秋瑾在绍兴部署定当后,即赴上海与徐锡麟等约会。又至石门徐自华家筹款,“徐即悉倾其奁所有畀之”。秋瑾脱臂上双翠环赠徐,留为后日纪念。

是月 邓子瑜结合会党,起义于惠州七女湖,战败。

七月一日(农历五月二十一日) 武义党案发,刘耀勋、聂李唐死难。

徐双韵说:“秋瑾回绍兴,转金华、武义,发布五月二十八日起义命令,通知巡风聂李唐作准备。聂在无意中泄漏机密,传至武义县城,知县钱宝镕急报浙江巡抚求援,就派兵在聂家搜出会党名册,牵连大通学堂。金华、兰溪的会党也遭波及,革命计划完全泄露了。”

七月三、四日(农历五月二十三、二十四日) 金华党案发,徐顺达、倪金等死难。永康党案发,吕阿荣死难。

七月六日(农历五月二十六日) 徐锡麟在安庆刺杀安徽巡抚恩铭,旋即被捕遇害。陈伯平死难,马宗汉被捕。

七月十日(农历六月初一日) 秋瑾《致徐小淑绝命词》。

七月 浙江起义的计划,因安庆起义失败而泄露。绍兴府学务处总办胡道南(按此人与秋瑾同时留学日本,因为他的思想十分落后,被秋瑾当面斥之为死人者),向绍兴知府告密说:“大通体育会女教员革命党秋瑾及吕凤樵、竺绍康等,谋于六月初十日起事。竺号酌仙,平阳党首领,羽党万人,近已往嵊县纠约来郡,请预防”等语。(见《浙案纪略》)贵福得讯后,立即向省方报告。浙江巡抚张曾敭遂于七月十三日(农历六月初四日)派第一标标统李益智率常备军二队,计三百人,会同营县包围大通学堂,逮捕秋瑾,拘于卧龙山女狱内,至七月十五日(农历六月初六日)晨就义。

八月二十四日(农历七月十六日) 马宗汉死难于安庆。

九月 王和顺等起义于钦州王光山,旋败退十万大山。

十月 蒋篆飞联合高达、高逵大败清军于浙江东阳。

同月 许雪秋等发动惠州、汕尾之役,因待军火接济未成。

十一月 裘文高入攻嵊县,俘杀清将刘庆林,军声大震;旋由嵊县退军至东阳,入仙居而散。

十二月 孙中山、黄兴等亲自督战,攻占镇南关,旋败退越南。

图书在版编目(CIP)数据

我的姐姐秋瑾 / 秋宗章著.—合肥 : 黄山书社,2018.12
(回望丛书)
ISBN 978-7-5461-8094-6/01

Ⅰ.①我… Ⅱ.①秋… Ⅲ.①秋瑾(1877-1907)-生平事迹
Ⅳ.①K827=52

中国版本图书馆 CIP 数据核字(2018)第 295898 号

我的姐姐秋瑾 秋宗章 著

出品人	贾兴权
策划	陈志明 朱莉莉
责任编辑	朱莉莉
装帧设计	观止堂_未氓 孔舒琴
出版发行	时代出版传媒股份有限公司(http://www.press-mart.com) 黄山书社(http://www.hspress.cn)
地址邮编	安徽省合肥市蜀山区翡翠路 1118 号出版传媒广场 7 层 230071
印刷	安徽国文彩印有限公司
版次	2019 年 4 月第 1 版
印次	2021 年 3 月第 2 次印刷
开本	700mm×1000mm 1/32
字数	155 千
印张	7.25
书号	ISBN 978-7-5461-8094-6
定价	29.80 元

服务热线 0551-63533768
销售热线 0551-63533788
官方直营书店(https://hsss.tmall.com)